Willkommen! 1

German

Beginner's course THIRD EDITION

Paul Coggle and Heiner Schenke

JOHN
MURRAY
LEARNING

First published in Great Britain 2009. Third edition published 2018 by John Murray Learning

ISBN 978 1473 672666
Impression number 10 9 8 7 6 5 4 3 2 1

Cover image © Shutterstock.com
Ruth und Naemi von Julius Hübner, 1831 © bpk / Nationalgalerie, Staatliche Museen zu Berlin.
Foto: Andres Kilger
Illustrations © Barking Dog Art 2009, 2018.
Typeset by Integra Software Services Pvt. Ltd., Pondicherry, India
Printed and bound by CPI Group (UK) Ltd., Croydon, CR0 4YY

John Murray Learning policy is to use papers that are natural, renewable and recyclable products and made from wood grown in sustainable forests. The logging and manufacturing processes are expected to conform to the environmental regulations of the country of origin.

Carmelite House
50 Victoria Embankment
London EC4Y 0DZ
www.hodder.co.uk
jmlearning@hodder.co.uk

Contents

Introduction

This *Activity Book* has been written to supplement and enhance the *Willkommen! I* course book. It follows closely unit by unit the topics and language points introduced in the coursebook. It offers students the opportunity to both consolidate and extend their mastery of the language.

The *Activity Book* has been designed in such a way that it can also be used independently.

The overall pattern of work for each unit includes the following:

Übungen A wide range of activities linked to the unit topics.

Grammatik Grammar points introduced in a user-friendly way, followed by exercises practising the relevant points.

Mehr Vokabeln Vocabulary extension based around the topics.

Und zum Schluss This final section represents the culmination of the unit and offers students the opportunity to demonstrate under two separate headings the skills that they have acquired:

1 Sprechen Here the topics covered in the unit are made personal to the student. The questions asked are open-ended, but have been designed within a strict framework. Model responses are offered in the Key.

2 Lesen The reading passages have been selected from realia linked to the unit topics and adapted to the level of the language skills attained at a given stage of the course.

Students should find these final sub-sections both stimulating and challenging.

Key to the activities This section provides answers to all of the activities. Model responses are given for personalised questions.

German–English Glossary Although this does not claim to be comprehensive, it does provide English equivalents for most of the German vocabulary introduced in the *Activity Book*.

Here are the English equivalents of the main German instructions to the exercises:

Was gehört zusammen?	*What belongs together?*
Ergänzen Sie (, bitte).	*(Please) complete.*
Verbinden Sie (Teil A mit Teil B).	*Combine (part A with part B).*
Was fehlt?	*What is missing?*
Welches Wort fehlt?	*Which word is missing?*
Fragen Sie.	*Ask.*
Wie heißt es richtig?	*What's correct?*
Welche Frage (A) passt zu welcher Antwort (B)?	*Which question (A) matches which answer (B)?*
Welches Wort passt am besten?	*Which word fits best?*
Ordnen Sie den Dialog.	*Put the dialogue in the correct order.*
Was sagen Sie?	*What do you say?*

1 | Guten Tag

Abschnitt A

Übungen

1 Was gehört zusammen?

Verbinden Sie Teil A mit Teil B.

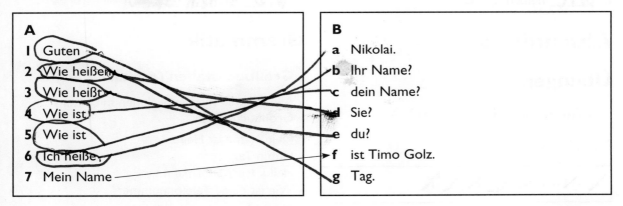

A
1 Guten Tag
2 Wie heißen
3 Wie heißt
4 Wie ist
5 Wie ist
6 Ich heiße
7 Mein Name

B
a Nikolai.
b Ihr Name?
c dein Name?
d Sie?
e du?
f ist Timo Golz.
g Tag.

2 Formell (*f*) oder informell (*inf*)?

a Wie heißen Sie? (f)
b Wie heißt du? (inf)
c Wie ist dein Name? (inf)
d Wie ist Ihr Name? (f)
e Hallo. (inf)
f Guten Tag. (inf)

3 Was fehlt?

Ergänzen Sie.

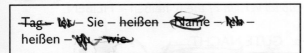

~~Tag~~ – ~~ist~~ – Sie – ~~heißen~~ – ~~Name~~ – ~~Ich~~ –
heißen – ~~du~~ – ~~wie~~

a Wie *heißen* Sie?
b Hallo. Wie heißt du ?

c Mein Name ist Bettina Ungermann.
d Ich heiße Sebastian.
e Und wie heißt du?
f Guten Tag .Wie ist Ihr Name, bitte?
g Und Sie ? Wie heißen Sie, bitte?

Grammatik

Formell / Informell

Formell:
Sie	→	Wie heißen *Sie*?
Ihr	→	Wie ist *Ihr* Name?

Informell:
du	→	Wie heißt *du*?
dein	→	Wie ist *dein* Name?

I Formell oder informell?

Sehen Sie die Personen a–f an und ergänzen Sie die Fragen.

a Wie heißt _du_ ?
b Wie _ist dein_ Name?
c _Wie_ heißen _Sie_ ?

d _Wie_ heißt ~~du~~ ?
e Wie ~~heißen Sie~~ ?
f _Wie_ ist _dein_ ~~Name~~ ?

Abschnitt B

Übungen

I Wie heißen die Wörter?

Ergänzen Sie.

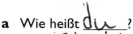

a Guten _T_ag.
b Guten _M_orgen.
c Gu_t_en _A_bend.
d H_a_llo.
e Auf_W_ieder_S_ehen.
f _T_schüss.

2 Wann sagt man was?

Ergänzen Sie.

	Guten Morgen	Guten Tag	Guten Abend	Gute Nacht
14.00		✓		
08.00	✓			
23.00				✓
10.00	✓	✓		~~✗~~
18.30		✓	✓	

Grammatik

I Wie heißt es richtig? Groß oder klein?

Beispiel
WIE IST DEIN NAME? → Wie ist dein Name?
ICH HEISSE ... → Ich heiße ...

Achtung: When using capital letters, ß is normally replaced by double S: heißen – HEISSEN

However, since 2017 it's also been possible to use a capital version of the ß: heißen – HEIßEN

a GUTE NACHT.
~~Gute Nacht~~ Gute Nacht

b AUF WIEDERSEHEN.
~~Auf Wiedersehen~~

c ICH HEISSE ANNA.

~~Ich heißt Anna~~

d GUTEN MORGEN, FRAU MATUSSEK

~~Good ~~ Matussek

e MEIN NAME IST TIM.

~~My name is Tim~~

f WIE IST IHR NAME?

~~What is your Name~~

g WIE HEISSEN SIE?

~~Wie heißen Sie~~

h WIE IST DEIN NAME?

~~What is your Name~~

Abschnitte A & B

Mehr Vokabeln

Mehr Begrüßungen	
Grüß Gott	In Süddeutschland / Österreich: Guten Morgen, Guten Tag, Guten Abend
Grüezi	In der Schweiz: Guten Morgen, Guten Tag, Guten Abend
Servus	In Süddeutschland / Österreich: Auf Wiedersehen
Auf Wiederschauen	Auf Wiedersehen

Übungen

I Zahlen

Ergänzen Sie.

~~sieben~~ – ~~vier~~ – ~~acht~~ – ~~zwei~~ – ~~sechs~~ – ~~neun~~ – ~~eins~~ – ~~drei~~ – ~~zehn~~ – ~~fünf~~

I = *eins*
2 = ~~drei~~ *zwei*

3 = drei
4 = vier
5 = fünf
6 = sechs
7 = sieben
8 = acht
9 = neun
10 = zehn

2 Zahlen

Rechnen Sie.

a drei + vier = *sieben*
b acht – fünf = drei
c sieben + zwei = ~~acht~~ neun
d vier + fünf = neun
e sechs + drei – sieben = vier
f acht – drei + vier = neun
g sieben – drei – zwei = ~~~~ zwei
h eins + drei + zwei = sechs

3 Acht große Städte in Europa

Einwohner in Millionen:

I London 8,8
2 Berlin 3,7
3 Madrid 3,2
4 Athen 3,1
5 Rom 2,8
6 Paris 2,2
7 Hamburg 1,8
8 Warschau 1,7

Neue Vokabeln	
Einwohner	*inhabitants*
Millionen	*millions*
, = Komma	

Schreiben Sie und sprechen Sie dann:

a *Nummer eins ist London. London hat acht Komma acht Millionen Einwohner.*

b Nummer zwei ist Berlin. Berlin hat _____
_____ .

c Nummer drei _____
_____ .

d Nummer _____
_____ .

e _____
_____ .

f _____
_____ .

g _____
_____ .

h _____
_____ .

Abschnitte C & D

Grammatik

Das Alphabet

Aussprache (*Pronunciation*)
Für die richtige Aussprache hören Sie zu!
(Kursbuch, Seite 7, Übung 13)

A	ah	J	yot	S	es
B	beh	K	kah	T	teh
C	tseh	L	el	U	oo
D	deh	M	em	V	fow
E	eh	N	en	W	veh
F	ef	O	oh	X	iks
G	geh	P	peh	Y	upsilon
H	hah	Q	koo	Z	tset
I	ee	R	air		

Umlaute: Ä Ö Ü

ß „ess tsett" oder scharfes S

I Welche Buchstaben fehlen?

Ergänzen Sie.

m̶ – e – m – e – e – i – h – u – e – u – n – e – ß

a mein
b Nam_
c wi_
d hei_en
e b_tte
f ic_
g Si_
h d_
i T_lefon_um_er
j Handyn_mm_r

2 E-Mail-Adressen

Lesen Sie und sprechen Sie.

Beispiel
marionscholz@web.de → ist: m – a – r – i – o – n – s – c – h – o – l – z „at" web Punkt d – e.

a peterschmitt@web.de
b susimaus2@gmx.de
c m.wichmann8@yahoo.de
d axelmuskelmann@web.de
e i.kreuzer@alpha.com
f frankderbaer@yahoo.de

Mehr Vokabeln

Mehr Nummern

Hausnummer	→ Meine Hausnummer ist ...
Faxnummer	→ Meine Faxnummer ist ...
Mobilnummer	→ Meine Mobilnummer ist ....

Abschnitt E

Übungen

I Welches Wort fehlt?

Ergänzen Sie.

> wohne – in – Name – ~~komme~~ – Türkei –
> jetzt – heiße – Dänemark – aus – komme
> – ich

a Ich heiße Corinne Martin. Ich *komme* aus Frankreich, aus Toulon. Ich _____ in Hamburg.

b Mein _____ ist Elmar Schmeichel. Ich _____ aus Kopenhagen in _____, aber _____ wohne jetzt in Berlin.

c Ich heiße Gediz Yalman. Ich komme aus der _____, aus Istanbul. Ich wohne _____ in Bremen.

d Ich _____ Elisabeth Fuhrmann. Ich komme _____ Wien in Österreich. Ich wohne jetzt _____ Hannover.

2 Welche Frage (A) passt zu welcher Antwort (B)?

Beispiel

I – d Und woher kommen Sie, bitte? – Ich komme aus Nürnberg.

> **A**
> I   Und woher kommen Sie, bitte?
> 2   Wie heißen Sie, bitte?
> 3   Wo wohnen Sie jetzt?
> 4   Wie ist Ihre Handynummer?
> 5   Und wie heißt du?
> 6   Und wie schreibt man das?

> **B**
> a   Meine Handynummer ist 0176-12445638.
> b   Ich wohne jetzt in Wien.
> c   Ich heiße Oli.
> d   Ich komme aus Nürnberg.
> e   Ich heiße Jennifer Kast.
> f   N – Ü – R – N – B – E – R – G.

3 Wie, wo, woher?

Ergänzen Sie.

a *Wie* heißen Sie?

b _____ kommen Sie?

c Und _____ wohnen Sie?

d _____ ist Ihr Name, bitte?

e Und _____ ist Ihre Handynummer?

f _____ wohnst du, Marion?

g Und _____ kommst du?

h _____ schreibt man das?

Grammatik

Verbendungen

Regelmäßige Endungen

ich → -e   komme   wohne   heiße
du → -st   kommst   wohnst   heißt*
Sie → -en   kommen   wohnen   heißen

Auch: trinken (*to drink*), hören (*to hear, to listen to*), studieren (*to study*)

* Kein **s** für heißt.

Achtung! arbeiten (*to work*):
ich arbeite, du arbeitest, Sie arbeiten

1 Verbendungen

Ergänzen Sie.

i

a Wie heißt du?
　Ich heiße Marion.
b Woher komm___ du?
　Ich komm___ aus Berlin.
c Wo wohn___ du?
　Ich wohn___ in London.
d Was studier___ du?
　Ich studier___ Medizin.
e Was trink___ du?
　Ich trink___ Tee.
f Was für Musik hör___ du?
　Ich hör___ Musik von Shakira.

ii

a Wie heiß___ Sie?
　Ich heiß___ Carsten Enke.
b Woher komm___ Sie?
　Ich komm___ aus Wien.
c Wo wohn___ Sie?
　Ich wohn___ jetzt in Salzburg.
d Was studier___ Sie?
　Ich studier___ nicht. Ich arbeit___.
e Was für Musik hör___ Sie?
　Ich hör___ klassische Musik.

2 Ein Porträt

Ergänzen Sie.

Hallo, ich **1** *heiße* (heißen) Sabine Ungermann.
Ich **2** _____ (kommen) aus
München. Ich **3** _____ (wohnen)
jetzt in Hamburg. Meine Handynummer ist
0160-3655675 und meine Telefonnummer
ist 040-3576984. Meine E-Mail-Adresse ist
sungermann@yahoo.de. Ich
4 _____ (studieren) Mathematik
und **5** _____ (arbeiten) bei

Siemens. Ich **6** _____ (hören)
klassische Musik und Jazzmusik.

Neue Vokabeln

ich arbeite bei　　　　　*I work for*

---

3 Und jetzt Sie!

Schreiben Sie ein Porträt.

Hallo, ich heiße _____
_____
_____
Ich komme _____
_____
_____
Ich wohne _____
_____
_____
Meine Handynummer ist _____
_____
und meine Telefonnummer ist _____
_____
Ich arbeite bei / studiere _____
_____
Ich höre _____
_____

Mehr Vokabeln

Mehr Fragen und Antworten

Wo arbeiten Sie? → Ich arbeite bei Siemens,
　　　　　BMW etc.
Was studieren Sie? → Ich studiere Medizin,
　　　　　Mathematik etc.
Was trinken Sie? → Ich trinke Tee, Kaffee
　　　　　etc.
Was für Musik hören Sie? → Ich höre
　　　　　klassische
　　　　　Musik, Jazz etc.
Wie finden Sie Berlin? → Ich finde Berlin
　　　　　interessant, schön,
　　　　　hektisch etc.

Und zum Schluss

 I Sprechen

Ein Interview. Was sagen Sie?

a Guten Tag.
b Wie heißen Sie, bitte?
c Und wie schreibt man das? Bitte
    buchstabieren Sie.
d Woher kommen Sie, bitte?
e Wo wohnen Sie jetzt?

f Wie finden Sie Ihre Stadt? (Berlin, London,
    Glasgow, Warschau etc.?)
g Und wie ist Ihre Handynummer?
h Wie ist Ihre Telefonnummer?
i Wie ist Ihre E-Mail-Adresse?
j Wo arbeiten Sie? / Was studieren Sie?
k Was für Musik hören Sie?

 2 Lesen

Text A Wortspiel
Wie viele Wörter aus **Lektion I** finden Sie? Wir glauben, es gibt 30 Wörter.

G	U	T	E	N	T	A	G	A	V	A	U	S
E	N	T	S	C	H	U	L	D	I	G	E	N
B	I	T	T	E	A	B	E	R	S	I	E	U
U	N	A	R	S	C	H	R	E	I	B	E	N
R	U	M	W	O	H	E	R	S	T	A	J	A
T	L	W	I	E	D	E	R	S	E	H	E	N
S	L	I	E	G	E	N	V	E	N	N	T	U
O	H	N	A	R	N	E	I	N	K	E	Z	M
R	I	E	B	I	N	U	E	M	A	N	T	M
T	E	L	E	F	O	N	R	F	R	A	G	E
K	L	A	R	U	N	D	I	S	T	E	H	R
B	U	C	H	S	T	A	B	I	E	R	E	N

Text B & Text C

Die Homepages von Jana Roth und von Franz Schumacher

Lesen Sie Text B und Text C und ergänzen Sie dann die Informationen in der Box unten.

Hallo! Ich heiße Jana Roth. Ich komme aus Mainz, in Deutschland. Ich wohne jetzt in London. Meine Handynummer ist 0771-0974563. Meine E-Mail-Adresse ist Jana.Roth@ucl.ac.uk. Ich studiere Marketing hier in London. Ich finde London interessant und multikulturell. Ich höre klassische Musik und ich spiele Tennis.

Guten Tag. Mein Name ist Franz Schumacher. Ich komme aus Dresden. Ich wohne jetzt in München. Meine Telefonnummer ist 080-67021367 und meine Handynummer ist 0179-7884351. Meine E-Mail-Adresse ist franz.schuhmacher@gmail.de. Ich arbeite bei BMW in München. München ist schön. Ich höre Popmusik und ich spiele Fußball und Golf.

Ergänzen Sie die Informationen.

Name: Jana Roth	Name: Franz Schumacher
a Wohnort:	**a** Wohnort:
b Geburtsort:	**b** Geburtsort: *Dresden*
c E-Mail-Adresse:	**c** E-Mail-Adresse:
d Handynummer:	**d** Handynummer:
e Studium: *Marketing*	**e** Arbeit:
f Sport:	**f** Sport:

2 | Sprechen Sie Deutsch?

Abschnitt A

Übungen

1 Zwei Dialoge

Ordnen Sie die zwei Dialoge.

Dialog 1

a Auf Wiedersehen, Frau Peters.
b Gut, danke. Und Ihnen, Herr Schmeichel?
c Guten Tag, Frau Peters. Wie geht es Ihnen?
d Auf Wiedersehen, Herr Schmeichel.
e Das freut mich.
f Ganz gut.

1	2	3	4	5	6
c					

Dialog 2

a Das freut mich.
b Tschüss, Sabine.
c Prima, danke.
d Hallo, Marianne. Wie geht es dir?
e Tschüss, Marianne.
f Hallo, Sabine. Es geht. Und dir?

1	2	3	4	5	6
d					

2 Welches Wort fehlt?

> geht's – wie – dir – Ihnen – nicht – Ihnen – Ausgezeichnet – Danke

a Wie geht es _____, Peter?
   _____, prima.
b Wie geht es _____, Herr Schmidt?
   _____, vielen Dank.
c Hallo, Tina, wie _____?
   Ach, _____ so gut.
d Frau de Grille, _____ geht es Ihnen?
   Gut, danke. Und _____?

Grammatik

Formell / Informell

Formell:
Sie → Wie geht es *I*hnen? (großes I: *I*hnen)

Informell:
du → Wie geht es *d*ir? (kleines d: *d*ir)

Gesprochenes Deutsch (*spoken German*):
geht es → geht's

Wie *geht es* dir, Tina? → Wie *geht's* dir, Tina?
Mir *geht es* gut. → Mir *geht's* gut.

(a)    (b)   (c)   (d)   (e)

I Formell oder informell?

Sehen Sie die Personen a–e an und ergänzen Sie die Dialoge.

a Wie geht es *dir*?
Danke, mir geht's *gut*.

b Wie geht es _____?
Mir geht's _____.

c _____?
Danke, nicht _____.

d _____?
Danke, mir geht's _____.

e _____?
Ganz _____, danke.

Mehr Vokabeln

Wie geht's dir?
Informell:

Mir geht es super.   Mir geht es
Mir geht es wunderbar.   grottenschlecht (*lousy*).

Abschnitt B

Übungen

I Welches Wort fehlt?

noch – kommt – schön – ~~wohnt~~ – Belgien – dort – in – Österreich – Schweiz – Deutschland – Empfangsdame

a Harald Zvornak kommt aus Berlin. Aber er *wohnt* nicht mehr in Berlin. Er wohnt jetzt in Frankfurt am Main. Frankfurt ist in _____.

b Maria Schott kommt aus Basel. Sie wohnt _____ in Basel. Basel liegt nicht in Deutschland, sondern in der _____.

c Marianne Eberle kommt aus Brüssel in _____. Sie wohnt aber nicht mehr _____. Sie ist jetzt _____ im Hotel Lindenhof in Düsseldorf.

d Martin Trautmann _____ aus Dresden. Er wohnt jetzt in Salzburg. Liegt Salzburg _____ der Schweiz? Nein! Es ist in _____ und es ist sehr _____.

2 Hauptstädte (*Capital cities*)

Verbinden Sie die Hauptstadt (A) mit dem Land (B):

A	B
Hauptstadt	**Land**
London	Italien
Berlin	Estland
Moskau	Griechenland
Athen	Irland
Warschau	Großbritannien
Madrid	Portugal
Bern	Deutschland
Lissabon	Schweiz
Wien	Spanien
Tallin	Österreich
Dublin	Russland
Paris	Frankreich
Ankara	Polen
Rom	Türkei

3 Richtig oder falsch?

Beispiele

Bremen liegt in Deutschland. →
Richtig! Bremen liegt in Deutschland.

Abba kommt aus Finnland. →
Falsch! Abba kommt nicht aus Finnland. Abba
kommt aus Schweden.

a Champagner kommt aus Belgien.
b Warschau liegt in Polen.
c Pizza kommt aus Spanien.
d Salzburg liegt in Deutschland.
e Sankt Petersburg liegt in Russland.
f Der Eiffelturm steht in Frankreich, in Paris.
g Das Brandenburger Tor ist in Österreich, in
Wien.
h Budapest liegt in der Tschechischen Republik.

Grammatik

Verbendungen

Regelmäßige Verben

er, sie, es, man → **-t**: komm**t**, wohn**t**, lieg**t**,
                                   heiß**t**

Auch: trinken, hören, liegen, studieren, lieben
(to love), spielen (to play)

Sein ist unregelmäßig:
ich → bin
er, sie, es, man → ist

1 Verbendungen.

Ergänzen Sie.

i

a Oliver komm__ aus Berlin.
b Er wohn__ jetzt aber in Hamburg.
c Hamburg lieg__ in Norddeutschland.
d Er hör__ klassische Musik.
e Er spiel__ Eishockey.

ii

a Miriam komm__ aus Griechenland, aus
Athen.
b Sie studier__ jetzt in München.
c München is__ in Süddeutschland.
d Sie lieb__ München.
e Sie trink__ Kaffee und sie hör__ Musik aus
Deutschland.
f Sie spiel__ Trompete.

2 Zwei Porträts

Schreiben Sie ein Porträt von Claudia Meier
und Manuel Santoz.

a Ich heiße Claudia Meier. Ich komme aus Wien,
aber ich wohne jetzt in Berlin. Ich studiere
Musik. Ich höre britische Popmusik und spiele
Gitarre in einer Band. Ich liebe Berlin.

Schreiben Sie:

Sie heißt Claudia Meier. Sie komm__ aus
Wien, aber sie _____ jetzt in
Berlin. Sie _____
Musik. Sie _____
und _____ Gitarre in einer Band.
Sie _____ Berlin.

b Ich heiße Manuel Santoz. Ich komme aus
Spanien, aber ich wohne jetzt in Frankfurt. Ich
bin Banker bei Santander. Ich höre moderne
Flamenco-Musik. Ich spiele Fußball. Ich liebe
Deutschland.

Schreiben Sie:

Er heißt Manuel Santoz. Er _____
aus Spanien, aber er _____ jetzt
in Frankfurt. Er ist _____.
Er _____ moderne Flamenco-
Musik. Er _____ Fußball. Er _____
_____.

Mehr Vokabeln

Mehr Länder

Tunesien   Indien
Syrien   China
Südafrika   Japan

Kanada   Australien
Argentinien   Neuseeland
Chile

Abschnitt C

Übungen

1 Wie heißen die Zahlen?

a vierundzwanzig = *24*
b zweiunddreißig = ____
c siebenundvierzig = ____

d neununddreißig = ____
e zweiundsiebzig = ____
f siebenundsechzig = ____
g fünfundneunzig = ____
h achtundachtzig = ____
i dreiundneunzig = ____
j sechsundzwanzig = ____
k zweiundsechzig = ____
l vierundneunzig = ____

2 Länder

Ordnen Sie zu.

Argentinien – Australien – Neuseeland – Chile – China – Deutschland – Estland – Frankreich – Griechenland – Großbritannien – ~~Indien~~ – Irland – ~~Italien~~ – Japan – Kanada – Nigeria – Österreich – Polen – Portugal – Russland – Schweiz – Spanien – Südafrika – Syrien – ~~Tunesien~~ – USA

Westeuropa	Osteuropa	Afrika	Südamerika	Nordamerika	Asien	Australasien
Italien		*Tunesien*			*Indien*	

Grammatik

Achtung! Zahlen

eins → *aber*: *ein*undzwanzig, *ein*unddreißig etc.
zwei → *aber*: zwanzig
drei, dreizehn → *aber*: dreißig, einunddreißig
             etc.
sechs → *aber*: sechzehn; sechzig,
         einundsechzig etc.
sieben → *aber*: siebzehn; siebzig,
         einundsiebzig etc.

I Zahlen

Schreiben Sie.

a 22 = *zweiundzwanzig*
b 31 = _____
c 45 = _____
d 57 = _____
e 63 = _____
f 78 = _____
g 86 = _____
h 94 = _____
i 99 = _____
j 36 = _____

2 Adressen

Wo wohnen die Leute? Lesen Sie und sprechen Sie.

Beispiel
Harry Matussek, Berlin, Gartenstraße 27 →
Harry Matussek wohnt in Berlin, Gartenstraße siebenundzwanzig.

a Petra Schneider, Hannover, Bismarckstraße 14
b Anna Kosinska, Dresden, Berliner Straße 85
c Susi Sonne, Basel, Stadtweg 36 A
d Oli Meyer-Dubois, München, Blumenstraße 73
e Leon Winter, Wien, Beethovenstraße 23 B
f Ayse Dirgen, Stuttgart, Steinstraße 4

Und Sie? Wo wohnen Sie?

Ich wohne _____.

Mehr Vokabeln

Mehr Zahlen

1000 → (ein)tausend
100.000 → (ein)hunderttausend
1.000.000 → eine Million
1.000.000.000 → eine Milliarde

Abschnitt D

Übungen

I Was fehlt?

Ergänzen Sie.

Spanisch und Französisch – ~~Berlin~~ – seit zwei Jahren bei der Telekom – Hannover – verheiratet – Deutsch – Claudia Scholz

a Name: _____
b Staatsangehörigkeit:_____
c Geburtsort: *Berlin*
d Wohnort: _____
e Sprachen: _____
f Familienstand: _____
g Arbeit: _____

2 Welches Wort passt nicht?

Beispiel
Deutsch, Französisch, Englisch, ~~Japaner~~

a verheiratet, arbeitslos, ledig, geschieden
b gut, ausgezeichnet, prima, schlecht
c Frau, Fräulein, Herr, Banker
d Bayern, Russland, Deutschland, Polen
e Österreicherin, Deutsche, Deutscher, Engländerin
f Guten Morgen, Auf Wiedersehen, Guten Tag, Gute Nacht

3 Land, Personen, Sprache

Ordnen Sie bitte zu.

England – Italienerin – Polin – Schottin – Deutscher – Waliser – Englisch – Frankreich – Spanier – Russland – Französisch – Amerikanerin – Japanisch – Syrer – Chinese – Pole – Russin – Türkei – Brite – Türke – Spanierin – Russisch

Land	♂ -er/-e	♀ -in	Sprache: (i)sch
Amerika	Amerikaner		Englisch
Deutschland		Deutsche!	Deutsch
	Engländer	Engländerin	
Italien	Italiener		Italienisch
Japan	Japaner	Japanerin	
Wales		Waliserin	Englisch / Walisisch
Spanien			Spanisch
Syrien		Syrerin	Arabisch
	Franzose	Französin	
China		Chinesin	Chinesisch
Großbritannien		Britin	Englisch
Polen			Polnisch
	Russe		
Schottland	Schotte		Englisch / Gälisch
		Türkin	Türkisch

4 Woher kommen sie?

Ergänzen Sie.

a Martin kommt aus Berlin. Er ist *Deutscher*. Er spricht *Deutsch*.

b Tim kommt aus London. Er ist _____. Er spricht _____.

c Yuko kommt aus Tokio. Sie ist _____. Sie spricht _____.

d Katarina kommt aus Warschau. Sie ist _____. Sie spricht _____.

e Frédérique kommt aus Paris. Er ist _____. Er spricht _____.

f Iain kommt aus Glasgow. Er ist _____. Er spricht _____.

g Egiarte kommt aus Valencia. Sie ist _____. Sie spricht _____.

h Anisa kommt aus Damaskus. Sie ist _____. Sie spricht _____.

Grammatik (1)

Verben – Achtung!

Sprechen, arbeiten, finden, sein:

ich	→	-e	spreche	arbeite	finde
du	→	-st	sprichst (!)	arbeitest (!)	findest (!)
Sie	→	-en	sprechen	arbeiten	finden
er, sie, es	→	-t	spricht (!)	arbeitet (!)	findet (!)

Sein ist unregelmäßig:

ich → bin
du → bist
Sie → sind
er, sie, es, man → ist

1 Wie heißt es richtig?

		arbeiten	kommen	sprechen	wohnen
ich	→	*arbeite*	_____	_____	_____
du	→	_____	_____	*sprichst*	_____
Sie	→	_____	_____	_____	_____
er, sie, es	→	_____	_____	_____	_____

2 Verben

Ergänzen Sie.

i

a Ich heiß__ Marianne Schmidt.

b Ich wohn__ in Berlin.

c Ich sprech__ sehr gut Englisch.

d Spr__ du auch Englisch?

e Ulrike komm__ aus der Schweiz und Tina komm__ aus Deutschland.

f Klaus arbeit__ bei der EU.

g Carmen spr__ ein bisschen Arabisch.

h Wie find___ du Deutsch?

i Ich find__ Deutsch interessant.

ii

Benutzen Sie *sein*.

a Ich b__ Deutscher.

b S__ Sie auch Deutscher?

c Claudia i__ ledig und Petra i__ verheiratet.

d Ich b__ nicht verheiratet.

e Peter i__ Engländer.

f B__ du auch Engländer?

g S__ Sie Japanerin?

h Er i__ aus Südafrika.

i Ich ___Chinesin.

Grammatik (2)

Fragen (1)

Fragen mit *wo, woher, wie, was* etc.
Das *Verb* ist das 2. Element:

(1)	(2)	(3)
Wo	*wohnen*	Sie?
Woher	*kommen*	Sie?
Wie	*ist*	dein Name?

Ja-Nein-Fragen
Das *Verb* ist das 1. Element:

(1)	(2)	(3)
Sind	Sie	verheiratet?
Sprechen	Sie	Deutsch?
Bist	du	Deutsche?

I　Welche Frage (A) passt zu welcher Antwort (B)?

A

1　Wie heißen Sie, bitte?
2　Bist du verheiratet?
3　Sprechen Sie Englisch?
4　Welche Sprachen sprechen Sie?
5　Wie ist Ihre Adresse?
6　Bist du Engländerin?
7　Wo wohnst du?
8　Wo arbeiten Sie?
9　Sind Sie Schweizer?

B

a　Ich wohne in der Nähe von Hamburg.
b　Nein, ich bin Schottin.
c　Ich spreche natürlich Deutsch und auch sehr gut Französisch.
d　Nein, ich bin Österreicher.
e　Nein, aber ich habe einen Partner.
f　Ich arbeite bei Greenpeace.
g　Ich heiße Peter Neumann.
h　Meine Adresse ist Carl-Benz-Straße 7, 70173 Stuttgart.
i　Ja, ich spreche ein bisschen Englisch.

Neue Fragen

Wie ist Ihre Adresse?　→ Meine Adresse ist Carl-Benz-Straße 7, 70173 Stuttgart.
Wie ist deine Adresse?　→ Meine Adresse ist 7 Anger Road, London, NW3 5TU.

2 Ein Interview mit Carmen Galan

i

Wie heißen die Fragen? Schreiben Sie die Fragen in der Sie-Form.

a *Wie heißen Sie?*

Ich heiße Carmen Galan.

b _____?

Ich wohne in Heidelberg.

c _____?

Meine Adresse ist Hegelstraße 4, 69115 Heidelberg.

d _____?

Nein, ich bin Spanierin.

e _____?

Ich spreche natürlich Spanisch, Deutsch und auch ziemlich gut Englisch.

f _____?

Ja, ich bin seit zwei Jahren verheiratet.

g _____?

Ich arbeite zurzeit bei Aldi.

ii

Schreiben Sie nun die Fragen in der du-Form.

Beispiel
a *Wie heißt du?*

Mehr Vokabeln

Mehr Sprachen
Ich spreche ... Arabisch. Bengali. Paschtu. Portugiesisch. Hindi. die Muttersprache   *mother tongue* Ich bin Deutsche/Deutscher. Meine Muttersprache ist Deutsch.

Und zum Schluss

 1 Sprechen

Ein Interview. Was sagen Sie?

a Guten Tag. Wie geht es Ihnen?
b Wie heißen Sie, bitte? Bitte buchstabieren Sie.
c Sind Sie Engländer/Engländerin?
d Woher kommen Sie?
e Wo wohnen Sie jetzt?
f Wie ist Ihre Adresse?
g Was ist Ihre Muttersprache?
h Welche Sprachen sprechen Sie?
i Wie finden Sie Deutsch?
j Sind Sie verheiratet?
k Wo arbeiten oder studieren Sie zurzeit?
l Wie ist Ihre E-Mail-Adresse?
m Wie ist Ihre Handynummer oder Telefonnummer?

 2 Lesen

Lesen Sie das Quiz über Deutschland, Österreich und die Schweiz auf Seite 18.

Beantworten Sie die Fragen.

Ein kleines Quiz – Deutschland, Österreich und die Schweiz

Berlin ist die Hauptstadt von Deutschland und liegt in Ostdeutschland. Berlin hat 3,7 Millionen Einwohner.

Hamburg liegt in Norddeutschland und ist auch sehr groß. Es hat 1,8 Millionen Einwohner. Hannover ist auch in Norddeutschland und liegt nicht weit von Hamburg.

München liegt in Süddeutschland. München ist sehr schön und hat viele Museen und Biergärten. Es liegt nicht weit von Österreich. Bis Salzburg sind es 120 km.

In Westdeutschland liegen Köln, Bonn und Düsseldorf. Köln liegt in der Nähe von Bonn. Frankfurt liegt im Zentrum von Deutschland. Frankfurt hat viele Banken.

Die Hauptstadt von Österreich ist Wien. Wien hat 2,1 Millionen Einwohner. In Österreich liegen auch Innsbruck, Linz und Salzburg.

Basel und Zürich liegen in der Schweiz. Basel liegt nicht weit von Zürich. Die Hauptstadt von der Schweiz ist Bern. In der Schweiz spricht man Deutsch, Französich, Italienisch und Rätoromanisch.

Welche Antwort ist richtig?

a Welche Stadt liegt in Ostdeutschland?
 i Hamburg; **ii** Bonn; **iii** Berlin.

b Welche Stadt liegt nicht weit von Hamburg?
 i Hannover; **ii** Dresden; **iii** Frankfurt.

c München liegt in Süddeutschland und nicht weit von ...
 i Freiburg; **ii** Salzburg; **iii** Dresden.

d Köln liegt in der Nähe von ...
 i Freiburg; **ii** Hamburg; **iii** Bonn.

e Frankfurt liegt ...
 i in Westdeutschland; **ii** im Zentrum von Deutschland; **iii** in Süddeutschland.

f Innsbruck liegt nicht in der Schweiz, sondern in ...
 i Frankreich; **ii** Österreich; **iii** Deutschland.

g Wo liegen Kiel und Rostock? Sie liegen ...
 i in Norddeutschland; **ii** in Süddeutschland; **iii** in Westdeutschland.

h Straßburg liegt nicht in Deutschland, sondern ...
 i in der Schweiz; **ii** in Frankreich; **iii** in Österreich.

i In der Schweiz spricht man ...
 i eine Sprache; **ii** zwei Sprachen; **iii** drei Sprachen; **iv** vier Sprachen.

3 | Arbeit und Studium

Abschnitt A

Übungen

I Was ist das?

eine Kirche – ein Bahnhof – ein
Fitnesscenter – eine Bank – ein Café – eine
Bäckerei – ~~ein Hotel~~ – ein Kino – eine
Kneipe – ein Weihnachtsmarkt

Ordnen Sie zu.

a Das ist *ein Hotel.*

b Das ist _____

c Das ist _____

d Das ist _____

e Das ist _____

f Das ist _____

g Das ist _____

h Das ist _____

i Das ist _____

j Das ist _____

2 Heißt es *der, die* oder *das?*

Ergänzen Sie.

a ein Hotel → *das Hotel*

b eine Bank → _____

c ein Weihnachtsmarkt → _____

d _____ → _____

e _____ → _____

f _____ → _____

g _____ → _____

h _____ → _____

i _____ → _____

j _____ → _____

Grammatik (1)

Das Geschlecht (gender)

Artikel

a) männlich *(masculine)* → *der/ein* Mann, Bahnhof

b) weiblich *(feminine)* → *die/eine* Frau, Adresse

c) sächlich *(neuter)* → *das/ein* Baby, Kino

Plural → *die* Bahnhöfe, Adressen, Babys

Tipp – typische Endung für weibliche Nomen: -e →
die Adresse, Kirche, Sprache etc.
(Achtung! der Name, das Café)

I der, die, das?

Ergänzen Sie.

```
Mann – Handynummer – Wohnort –
Kneipe – Kirche – Café – Fitnesscenter –
Biergarten – Weihnachtsmarkt – Woche –
Sprachschule – Bier – Frau – Geburtsort –
Bahnhof – Sprache
```

der	die	das
Name	Telefonnnummer	Kino
_____	_____	Hotel
_____	Arbeit	Zentrum
_____		_____
_____	Visitenkarte	_____
_____	Adresse	
_____	Empfangsdame	
	_____	
	_____	
	_____	
	_____	
	_____	

2 Heißt es *der/ein, die/eine* oder *das/ein?*

Ergänzen Sie.

a Das ist *ein* Hotel. *Das* Hotel heißt Hotel Adler. _____ Hotel ist in Celle. Celle ist _____ Stadt in Norddeutschland. _____ Hotel ist sehr alt.

b _____ Kirche heißt Gedächtniskirche. _____ Gedächtniskirche ist _____ Kirche in Berlin. Berlin ist _____ Hauptstadt von Deutschland. Es ist _____ alte Kirche im Zentrum von Berlin.

c Das ist _____ Bank. _____ Bank heißt Deutsche Bank. _____ Deutsche Bank ist sehr groß.

d Das ist _____ FitX Fitnesscenter in München. München ist _____ Stadt in Süddeutschland und es ist _____ Hauptstadt von Bayern. Das FitX Fitnesscenter ist _____ Fitnesscenter in München. München hat viele Fitnesscenter.

e Das ist _____ Sprachschule. _____ Sprachschule heißt Eurotalk und ist in Hamburg. Hamburg ist _____ Hafenstadt. _____ Stadt ist groß und hat 1,8 Millionen Einwohner.

Grammatik (2)

> **Das Geschlecht (gender)**
>
> **Possessivpronomen (*mein/Ihr/dein*) + Endungen:**
>
> a) mit männlichen Nomen → mein/Ihr/dein Name
> b) mit weiblichen Nomen → meine/Ihre/deine Adresse
> c) mit sächlichen Nomen → mein/Ihr/dein Hotel
>
> Plural → meine/Ihre/deine Namen, Adressen, Hotels

Ⅰ *Mein* oder *meine*?

Ergänzen Sie.

Beispiel
Wie ist Ihre Adresse? →
Meine Adresse ist Berliner Straße 75.

a Wie ist Ihr Name?
_____ Name ist Carsten Martini.

b Ist das Ihre Visitenkarte?
Nein, das ist nicht _____ Visitenkarte.

c Woher kommt Ihre Frau?
_____ Frau kommt aus Kolumbien.

d Wie ist deine E-Mail-Adresse?
_____ E-Mail-Adresse ist
gerd.baumann@web.de.

e Wie heißt dein Mann?
_____ Mann heißt Tommy.

f Wie ist deine Telefonnummer?
_____ Telefonnummer ist 040-365028.

g Ist das dein Bier?
Ja, das ist _____ Bier. Ich liebe Weizenbier.

Mehr Vokabeln

> **Mehr Gebäude**
>
> der Supermarkt   das Museum
> die Universität   das Restaurant
> die Moschee   die Synagoge

Abschnitt B

Übungen

Ⅰ Berufe

Wie viele Berufe finden Sie? Wir glauben, es gibt 18 Wörter.

A	M	U	S	I	K	E	R	R	T	J	O	S	E
R	A	S	T	N	U	S	T	A	R	O	N	D	F
Z	A	S	U	T	N	K	A	M	A	U	R	E	R
T	R	E	D	K	D	A	X	B	K	R	E	S	I
I	M	K	E	A	E	T	I	O	E	N	A	I	S
N	H	R	N	U	N	I	F	M	L	A	L	G	E
E	A	E	T	F	B	S	A	E	L	L	S	N	U
A	U	T	O	M	E	C	H	A	N	I	K	E	R
P	S	Ä	L	A	R	H	R	T	E	S	O	R	I
O	F	R	F	N	A	L	E	R	R	T	C	I	N
L	R	I	O	N	T	E	R	U	I	I	H	N	T
W	A	N	D	E	E	R	E	B	A	N	K	E	R
R	U	H	V	E	R	K	Ä	U	F	E	R	I	N

2 Verbinden Sie Beruf (A) mit der Aktivität (B)

A	B
1 Kundenberaterin	a kocht Pasta, Suppe etc.
2 Automechaniker	b repariert Computer
3 Köchin	c spielt Gitarre, Violine etc.
4 Student	d spricht mit Kunden
5 Sekretärin	e macht T-Shirts, Blusen etc.
6 Kellner	f repariert Autos
7 Designerin	g arbeitet im Büro, schreibt E-Mails, telefoniert
8 Musiker	h studiert an einer Universität
9 PC-Techniker	i bringt Bier, Wasser, Kaffee etc.

3 Ergänzen Sie den Dialog

Deutscher – seit – heiße – IT-Spezialist –
großartig – meine – Deutsch – Beruf –
Engländerin

Hermann	Willkommen in Dresden! Mein Name ist Hermann Hümmer. Können Sie vielleicht 1_____ sprechen?
Bernd	Guten Tag! Ja, ich spreche Deutsch. Ich 2_____ Bernd Brückner.
Hermann	Das ist ja 3_____! Sind Sie denn 4_____?
Bernd	Ja, aber 5_____ Frau ist 6_____, und ich wohne 7_____ acht Jahren in England.
Hermann	Ach so. Und was sind Sie von 8_____?
Bernd	Ich bin 9_____ .

Grammatik

Berufe

Weibliche Berufe: + -in

männlich		*weiblich*
Banker	→	Bankerin
Journalist	→	Journalistin

Achtung!		
Arzt	→	Ärztin
Koch	→	Köchin
Krankenpfleger	→	Krankenpflegerin/ Krankenschwester
Angestellter	→	Angestellte

seit
Ich arbeite seit ein**em** Jahr bei Eurosport.
Ich arbeite seit zwei/drei/sieben Jahr**en** bei
der Deutschen Bank.

1 Wie heißen die weiblichen Berufe?

a Ingenieur → *Ingenieurin*
b Kundenberater → _____

c Manager → _____

d Kellner → _____

e Journalist → _____

f Taxifahrer → _____

g Busfahrer → _____

h Verkäufer → _____

i Designer → _____

j Friseur → _____

k Arzt → _____

l Koch → _____

m Krankenpfleger → _____

n Bankangestellter → _____

2 Ein Interview mit Herrn Bremer

Ergänzen Sie. Antworten Sie für Herrn Bremer. Hier sind die Details:

Herr Bremer

Er ist PC-Techniker von Beruf.
Er arbeitet seit fünf Jahren bei Toshiba.
Seine Partnerin ist Irin und Englischlehrerin.
Sie lebt seit 15 Jahren in Deutschland.

---

a Was sind Sie von Beruf, Herr Bremer?
Ich bin PC-Techniker.

b Und wo arbeiten Sie?

_____

c Und seit wann arbeiten Sie dort?

_____

d Und Ihre Partnerin? Ist sie auch berufstätig?

_____

e Oh, ist Ihre Partnerin Engländerin?

_____

f Aha, und seit wann lebt sie schon in Deutschland?

_____

Mehr Vokabeln

Mehr Berufe

Finanzberater	→	Finanzberaterin
Fotograf	→	Fotografin
Psychologe	→	Psychologin
Soldat	→	Soldatin
Zahnarzt	→	Zahnärztin

Abschnitt C

Übungen

1 Wie heißen die Studienfächer?

Ergänzen Sie.

a Maria liebt Shakespeare.
Sie studiert *A n g l i s t i k.*

b Ansgar findet Zahlen interessant.
Er studiert M _ t h _ m _ t i k.

c Johanna findet Management gut.
Sie studiert B _ L.

d Karin und Anna lieben romanische Sprachen.
Sie studieren R _ _ _ ni _ _ _ k.

e Nadine findet Einstein toll.
Sie studiert _ _ y s _ _.

f Fahim liebt Computer.
Er studiert I n f _ _ m a t _ _.

2 Welches Wort fehlt?

Politik – ~~Studenten~~ – seit – Stadtzentrum – Heidelberg – langweilig – Wohnung – interessant

---

a Susanne und Carsten sind beide *Studenten.*

b Susanne studiert Chemie und Carsten studiert _____.

c Sie studieren an der Universität in

_____.

d Beide studieren _____ drei Jahren.

e Susanne findet Chemie sehr gut. Sie sagt, es

ist _____.

f Carsten findet Politik _____.

g Beide haben eine _____ im

_____.

Grammatik (1)

Verbendungen

Endungen im Plural

wir	→	-en	wohn**en**	sprech**en**	arbeit**en**
ihr	→	-t	wohn**t**	sprech**t** (!)	arbeit**et** (!)
Sie	→	-en	wohn**en**	sprech**en**	arbeit**en**
sie	→	-en	wohn**en**	sprech**en**	arbeit**en**

Das Verb *sein* ist unregelmäßig:

ich	→	bin	wir	→	sind
du	→	bist	ihr	→	seid
Sie	→	sind	Sie	→	sind
er, sie, es	→	ist	sie	→	sind

| Verbendungen

Ergänzen Sie.

i

a Was mach__ wir heute?

b Wir arbeit__ beide in Hamburg.

c Wir hör__ oft klassische Musik.

d Wir s____ verheiratet. (*sein*)

ii

a Wie heiß__ Sie?

b Was hör__ Sie?

c Woher s____ Sie? (*sein*)

d Was s____ Sie von Beruf? (*sein*)

iii

a Wie heiß__ ihr?

b Woher komm__ ihr?

c Wo wohn__ ihr?

d Seit wann arbeit__ ihr?

e Sprech__ ihr Englisch?

f Trink__ ihr Kaffee oder Tee?

g Hab__ ihr eine Wohnung?

h S____ ihr Studenten? (*sein*)

iv

a Tim und Sebastian komm__ beide aus Berlin.

b Sie wohn__ beide seit zwei Jahren in Frankfurt und studier__ dort.

c Tim und Sebastian spiel__ oft Fußball und hör__ klassische Musik.

d Sie arbeit__ beide auch.

e Tim arbeit__ als Kellner und Sebastian arbeit__ als Taxifahrer.

2 Wie heißen die Fragen?

Benutzen Sie die *ihr*-Form.

a *Wie heißt ihr?*
Hallo, ich heiße Camilla und das ist Maria.

b _____?
Wir kommen beide aus Warnemünde.

c _____?
Warnemünde liegt in Norddeutschland, in der Nähe von Rostock.

d _____?
Ja, wir sind beide Studenten.

e _____?
Wir studieren beide Geschichte.

f _____?
Wir studieren in Berlin, an der Humboldt-Universität.

g _____?
Wir studieren seit zwei Jahren.

h _____?
Ja, es ist sehr interessant. Es ist fantastisch.

Grammatik (2)

Zahlen – 100+

Zahlen sind ein Wort:
88 → achtundachtzig
122 → einhundertzweiundzwanzig
10220 → zehntausendzweihundertzwanzig

Achtung!
1.200.000 → eine Million
zweihunderttausend
4.370.000 → vier Millionen
dreihundertsiebzigtausend

1 Welche Zahl ist das?

Beispiel

93	dreiundneunzig ✓ neununddreißig
87	achtundsiebzig siebenundachtzig
113	einhunderteinunddreißig einhundertdreizehn
230	zweihundertdreißig dreihundertzwanzig
647	sechshundertsiebenundvierzig sechshundertsiebenundfünfzig
926	neunhundertsechsundzwanzig neunhundertsechzehn
1482	eintausendachthundertzweiundvierzig eintausendvierhundertzweiundachtzig
2588	zweitausendfünfhundertachtundachtzig zweitausendfünfhundertachtzig
26419	sechsundzwanzigtausendvierhundert-neunzehn sechsundzwanzigtausendvierhundert-neunzig

2 Mehr Zahlen

Schreiben Sie und sprechen Sie.

140 → *(ein)hundertvierzig*
180 → _____
219 → _____
690 → _____
742 → _____
955 → _____
1450 → _____
12322 → _____
27895 → _____

3 Sechs deutsche Universitäten – Studentenzahlen

a   Freie Universität Berlin   35.700
b   Humboldt-Universität zu Berlin   33.000
c   Universität Hamburg   41.200
d   Universität zu Köln   49.770
e   Universität Leipzig   28.270
f   Technische Universität Dresden   36.730

Schreiben Sie und sprechen Sie.

a   Die Freie Universität Berlin hat
    fünfunddreißigtausendsiebenhundert Studenten.
b   Die Humboldt-Universität zu Berlin hat
    _____.
c   Die Universität Hamburg _____
    _____.
d   Die Universität zu Köln _____
    _____.
e   Die Universität Leipzig _____
    _____.
f   _____
    _____.

Mehr Vokabeln

Arbeit & Studium

Ich finde meine Arbeit / mein Studium ist:

interessant   langweilig
gut   schlecht
nicht stressig   (sehr) stressig
einfach   kompliziert

Und zum Schluss

 I Sprechen

Ein Interview. Was sagen Sie?

a   Guten Tag.
b   Wie geht's?
c   Wie ist Ihr Name, bitte?
d   Woher kommen Sie?
e   Wo liegt die Stadt?
f   Wie viele Einwohner hat die Stadt?
g   Wie finden Sie Ihre Stadt?
h   Arbeiten Sie oder studieren Sie?
i   Was sind Sie von Beruf? / Was studieren Sie?
j   Wo arbeiten Sie? / Wo studieren Sie?
k   Seit wann arbeiten Sie? / Seit wann studieren Sie?
l   Wie finden Sie Ihre Arbeit? / Wie finden Sie Ihr Studium?

 **2 Lesen**

Die Ruprecht-Karls-Universität Heidelberg

RUPRECHT-KARLS-

UNIVERSITÄT
HEIDELBERG
EXZELLENZUNIVERSITÄT

Die Universität Heidelberg ist die älteste Universität Deutschlands. Sie existiert seit 1386. Die ersten Professoren kamen aus Paris und Prag.

Zu Beginn war die Universität Heidelberg eine katholische Universität. Aber im Jahre 1556 wurde sie evangelisch (protestantisch).

Im 19. Jahrhundert war die Universität Heidelberg eine liberale Universität. Studenten kamen aus vielen Ländern nach Heidelberg.

Die Universität hat neun Nobel-Preis-Träger. Bei den „World University Rankings" liegt die Universität Heidelberg oft auf Platz eins oder zwei in Deutschland.

An der Universität Heidelberg studieren jetzt mehr als 30.000 Studenten. Mehr als 5.000 von diesen Studenten sind Ausländer (nicht Deutsche).

Die Universität hat auch ein Center in Santiago de Chile. Dort können Studenten zum Beispiel „International Law" oder „Investment and Trade" studieren.

Die Universität ist sehr wichtig für die Stadt Heidelberg. Mehr als 15.000 Menschen arbeiten für die Universität.

Mehr Informationen auf Deutsch und Englisch finden Sie unter: http://www.uni-heidelberg.de

Welche Antwort stimmt?

a Die Universität Heidelberg ist die älteste Universität
i in Deutschland; **ii** in deutschsprechenden Ländern.

b Von 1386 bis 1556 war die Universität
i evangelisch; **ii** katholisch.

c Im 19. Jahrhundert hatte die Universität Heidelberg Studenten
i nur aus Deutschland; **ii** aus vielen Ländern.

d In Deutschland liegt die Universität Heidelberg in den Rankings oft
i auf Platz neun; **ii** auf Platz eins oder zwei.

e An der Universität Heidelberg studieren
i mehr als 30.000 Studenten; **ii** 30.000 ausländische Studenten.

f Die Universität hat
i auch ein Center in Chile; **ii** noch kein Center in Chile.

g Auf der Webseite kann man Informationen
i nur auf Deutsch finden; **ii** auf Deutsch und auf Englisch finden.

4 | Familie und Freizeit

Abschnitt A

Übungen

1 Was machen die Leute?

Verbinden Sie Satzteil A mit Satzteil B.

A		B	
1	Herr Scholz arbeitet	a	in München.
2	Er spricht	b	von J.K. Rowling.
3	Martina hört	c	Gitarre.
4	Carsten schreibt	d	Kaffee?
5	Timo und Kai essen	e	Englisch.
6	Trinkt ihr	f	Hip-Hop-Musik.
7	Susanne wohnt	g	im Garten.
8	Johann spielt	h	Mathematik.
9	Monica studiert	i	eine E-Mail.
10	Wir lesen ein Buch	j	eine Pizza.

2 Was passt zusammen?

	eine CD	eine SMS	Tee	Sushi	ein Buch
kaufen					
hören					
essen					
schreiben		✓			
trinken					
lesen		✓			
spielen					

Grammatik

Verben

Verben mit Vokalwechsel (*vowel change*)

Achtung! Vokalwechsel nur in der *du* und *er/sie/es*-Form:

ich	→	spreche	lese	esse
!du	→	spr**i**chst	l**ie**st	**i**sst
Sie	→	sprechen	lesen	essen
!er, sie, es	→	spr**i**cht	l**ie**st	**i**sst
wir	→	sprechen	lesen	essen
ihr	→	sprecht	lest	esst
Sie, sie	→	sprechen	lesen	essen

I Verbendungen.

Wie heißt es richtig?

i

a Ich _____ ein bisschen Italienisch.
   (sprechen)

b Carola _____ Englisch und Japanisch.
   (sprechen)

c Und welche Sprachen _____ Sie?
   (sprechen)

d _____ ihr Englisch? (sprechen)

ii

a Ich _____ ein Buch über Fitness. (lesen)

b _____ du viel? (lesen)

c Er _____ oft Comics. (lesen)

d _____ ihr Harry Potter? (lesen)

iii

a Ich _____ ein Sandwich. (essen)

b _____ du gern Fish und Chips? (essen)

c Miriam _____ viel Salat. (essen)

d _____ wir heute im Restaurant? (essen)

2 Essen, sprechen oder lesen?

Ergänzen Sie.

Martina	Hallo, Tim! Was machst du?
Tim	Ich I_____ ein Buch über Barack Obama.
Martina	2_____ du auf Englisch oder auf Deutsch?
Tim	Auf Englisch. Ich bin Amerikaner.
Martina	Was! Du 3_____ aber gut Deutsch!
Tim	Danke. 4_____ du auch Englisch?
Martina	Ja. Ich 5_____ auch Japanisch. Meine Mutter kommt aus Japan. Zu Hause 6_____ wir Japanisch.
Tim	Ach so! Und 7_____ du zu

	Hause auch japanisch, zum Beispiel Sushi?
Martina	Ja, natürlich! Ich 8_____ sehr gern japanisch.
Tim	Ich auch! Gehen wir zusammen 9_____?

Mehr Vokabeln

Mehr Verben mit Vokalwechsel

sehen → Ich sehe einen Film.
          *Si*ehst du einen Film?
          Er *si*eht eine Realityshow.

treffen → Ich treffe eine Freundin.
           Tr*i*ffst du deine Schwester?
           Er tr*i*fft Freunde.

sehen   *to watch/to see*
treffen *to meet*

Abschnitt B

Übungen

I Eine Umfrage

Ergänzen Sie den Dialog.

---

fotografiere – Karate – Umfrage – Joggen – haben – nicht – Ihr – spiele – ~~Tag~~ – Fitnesscenter – mein

---

Journalist	Guten I *Tag*. Wir machen eine 2_____. Was ist 3_____Hobby, bitte?
Petra	Mein Hobby? Also, 4_____ Hobby ist Fotografie. Ich 5_____ gern.
Journalist	Und 6_____ Sie noch ein Hobby?

Petra	Ja, Sport.
Journalist	**7**_____ Sie gern?
Petra	Nein, ich jogge **8**_____ gern. Aber ich **9** _____ gern Tennis. Ich gehe auch oft ins **10**_____. Und ich mache **11**_____.
Journalist	OK, vielen Dank.

2 Spielen oder machen?

Ergänzen Sie.

	spielen	**machen**
Fußball	✓	
Tai-Chi		✓
Yoga		
Rugby		
Badminton		
Karate		
Jiu-Jitsu		
Golf		
Basketball		
Nordic-Walking		
Gitarre		

3 Was tun Sie gern?

Sagen Sie es anders.

Beispiele
Mein Hobby ist Lesen. → Ich lese gern.
Mein Hobby ist Yoga. → Ich mache gern Yoga.

a Mein Hobby ist Fotografieren.
   Ich _____ gern.
b Mein Hobby ist Schwimmen.
   Ich _____ gern.

c Mein Hobby ist Reisen.
   Ich _____ gern.
d Mein Hobby ist Surfen.
   Ich _____ gern.
e Mein Hobby ist Joggen.
   Ich _____ gern.
f Mein Hobby ist Badminton.
   Ich _____ gern Badminton.
g Mein Hobby ist Kochen.
   Ich _____ gern.
h Mein Hobby ist Tai-Chi.
   Ich _____ gern Tai-Chi.

Grammatik

gern

Ich lese **gern**.
Ich gehe **gern** ins Kino.

Ich lese **nicht gern**.
Ich gehe **nicht gern** ins Kino.

1 Was macht Marion gern? Was macht sie nicht gern?

Schreiben Sie.

a  ✓ *Marion isst gern Pizza.*

b  ✓_____

c  ✓_____

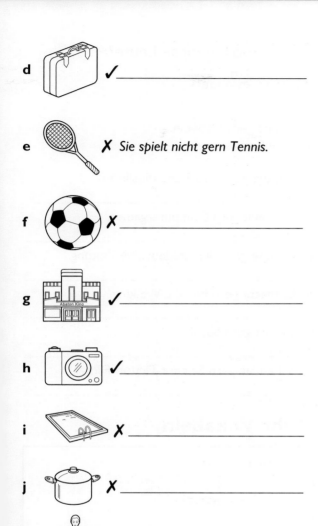

d ✓ _____

e ✗ *Sie spielt nicht gern Tennis.*

f ✗ _____

g ✓ _____

h ✓ _____

i ✗ _____

j ✗ _____

k ✓ _____

2 Und Sie?

Schreiben Sie und sprechen Sie dann.

Beispiel
Welche Musik hören Sie gern?
Welche Musik hören Sie nicht gern? →
Ich höre gern Salsa-Musik, *aber* ich höre nicht
gern klassische Musik.

a Welche Musik hören Sie gern?
   Welche Musik hören Sie nicht gern?
b Was trinken Sie gern?
   Was trinken Sie nicht gern?
c Was lesen Sie gern?
   Und was lesen Sie nicht gern?
d Was essen Sie gern?
   Und was essen Sie nicht gern?
e Was machen Sie gern?
   Und was machen Sie nicht gern?

Mehr Vokabeln

Mehr Aktivitäten

Motorrad fahren
Ski fahren
im Internet chatten
simsen (eine SMS schicken)
eine Nachricht / ein Video posten
skypen

Abschnitt C

Übungen

I Welches Wort passt?

Wassersport – Stadt – Hobby – Sprache –
Musik – Beruf – ~~Buch~~

a *Buch* : Krimi, Biografie, Roman
b _____ : Französisch, Englisch,
   Italienisch
c _____ : Geschichtslehrerin, Sekretärin,
   Ärztin
d _____ : Segeln, Surfen, Schwimmen
e _____ : Wandern, Joggen, Kochen
f _____ : Gitarre, Indierock, Instrument
g _____ : München, Köln, Berlin

2 Positiv, negativ

Wie heißen die Wörter?

a Michael macht gern Sport. Er findet Sport
klasse.

b Cindy hasst Reality-TV. Sie findet Reality-TV
schle _ _ t.

c Frank studiert nicht gern. Er findet BWL
la _ gw _ _lig.

d Paula mag Hamburg. Sie findet Hamburg
sch_ n.

e Ich lese gern. Ich finde Biografien
i _ter _ _ _ ant.

f Ich mag Tennis. Ich finde Tennis
fa _ t _ st_ _ _ _ .

Mehr Grammatik

Achtung – gern vs. mögen

1 gern + *Verb* → Ich *lese* gern Biografien.
Ich *spiele* gern Tennis.

2 mögen + *Nomen* → Ich mag *Biografien.*
Ich mag *Tennis.*

Falsch: ! Ich mag Biografien lesen. X
         ! Ich mag Tennis spielen. X

Mögen ist unregelmäßig:

Ich mag Tennis.	Wir mögen Tennis.
Magst du Tennis?	Mögt ihr Tennis?
Mögen Sie Tennis?	Mögen Sie Tennis?
Er/Sie mag Tennis.	Sie mögen Tennis.

I Was mögen diese Leute?

Sagen Sie es anders.

Beispiel
Ich trinke gern Rotwein. →
Ich mag Rotwein.

a Er hört gern klassische Musik.

_____

b Sie spielt gern Computergames.

_____

c Ich lese gern die Süddeutsche Zeitung.

_____

d Er macht gern Nordic Walking.

_____

e Sie isst gern Sushi.

_____

f Sehen Sie gern Science-Fiction-Filme?

_____

Mehr Vokabeln

war (*was/were*)		
ich	→	war
du	→	warst
Sie	→	waren
er/sie/es	→	war

Abschnitt D

Übungen

1 Familie

Wie viele Wörter finden Sie? Wir glauben, es gibt 20 Wörter.

F	A	M	I	L	I	E	S	O	H	N	G	A	H	S
B	R	U	D	E	R	I	C	T	A	B	R	V	U	C
V	E	R	K	N	P	S	H	O	P	A	O	E	N	H
A	S	T	A	K	A	C	W	C	R	C	ß	R	D	W
T	A	N	T	E	R	H	E	H	A	K	M	L	O	Ä
E	R	I	Z	L	T	W	S	T	N	E	U	O	N	G
R	A	C	E	K	N	A	T	E	O	R	T	B	K	E
S	C	H	W	I	E	G	E	R	M	U	T	T	E	R
A	H	T	I	N	R	E	R	L	A	P	E	E	L	I
B	E	E	N	D	E	R	A	M	N	A	R	R	E	N

2 Familienmitglieder

Wie heißt die weibliche Form?

a der Vater → *die Mutter*

b der Sohn → _____

c der Bruder → _____

d der Großvater → _____

e der Opa → _____

f der Onkel → _____

g der Cousin → *die Cousine*

h der Schwiegersohn → _____

i der Enkelsohn → _____

j der Neffe → *die Nichte*

Grammatik (1)

Possessivpronomen

Possessivpronomen mit männlichen, weiblichen + sächlichen Nomen

	männlich (m)	weiblich (f)	sächlich (nt)
ich	→ mein Bruder	meine Schwester	mein Baby
du	→ dein Bruder	deine Schwester	dein Baby
Sie	→ Ihr Bruder	Ihre Schwester	Ihr Baby
er/es	→ sein Bruder	seine Schwester	sein Baby
sie	→ ihr Bruder	ihre Schwester	ihr Baby
Plural	→ meine, deine, Ihre, seine, ihre Brüder/Schwestern/Babys		

I Zwei Porträts

i Klaus von Bärwitz
Ergänzen Sie.

a *Sein* Name ist Klaus von Bärwitz.
b Maria ist _____ Frau.
c Caspar und Carla sind _____ Kinder.
d _____ Sohn Caspar ist 14 Jahre alt und
_____ Tochter Carla ist neun Jahre alt.
e Was _____ Hobby ist? Er mag
Opernmusik.

ii Claudia Treumann
Ergänzen Sie.

a *Ihr* Name ist Claudia Treumann.
b _____ Beruf ist Fotomodell.
c _____ Schwester ist Studentin und
_____ Bruder ist Architekt.
d _____ Eltern wohnen in Köln.
e Was _____ Handynummer ist? Keine
Ahnung.

2 Mika und Isabel sprechen über ihre Familien

Ergänzen Sie: mein/meine, dein/deine,
ihr/ihre, sein/seine?

Mika   Isabel? Hast du noch Geschwister?
Isabel Ja, eine Schwester und einen Bruder.
Mika   Und wie heißt I_____ Schwester?
Isabel 2_____ Name ist Sylvia.
Mika   Und wie heißt 3_____ Bruder?
Isabel Er heißt Tim.
Isabel Und was macht 4_____ Bruder?
Mika   5_____ Bruder ist Banker. Er ist
verheiratet und 6_____ Frau ist auch
Bankerin.

Grammatik (2)

Plural (1)

Tipp: Typische Plural-Endungen für Nomen:

			Singular	Plural
-er	→	-n	Schwester	Schwester**n** *oder*
-er	→	¨	Vater	V**ä**ter
-e:	→	-n	Tante	Tante**n**
-in:	→	-nen	Bankerin	Bankerin**nen**

I Wie heißt es richtig?

Ergänzen Sie.

	Singular	**Plural**
a	Handynummer	*Handynummern*
b	Telefonnummer	_____
c	Schwester	_____
d	_____	*Mütter*
e	Vater	_____
f	Tochter	_____
g	Name	_____
h	Adresse	_____
i	Visitenkarte	_____
j	_____	*Sprachen*
k	Katze	_____
l	Kirche	_____
m	Kneipe	_____
n	Studentin	*Studentinnen*
o	Verkäuferin	_____
p	Ärztin	_____
q	Engländerin	_____

2 Wie heißt es im Plural?

a Annette hat einen Bruder und zwei
_____ . (Schwester)
b Sie hat zwei _____ . (Tante)
c Kennst du ihre drei _____?
(Tochter)

d Er spricht vier _____ . (Sprache)

e Sybille und Conny sind beide
_____ . (Ärztin)

f Seid ihr auch _____?
(Engländerin)

g Ich habe einen Cousin und vier
_____ . (Cousine)

h In Hamburg gibt es viele _____ .
(Kneipe)

Achtung! Akkusativ

Ich habe + **männliches Nomen**

Ich habe *einen* Bruder / *einen* Sohn / *einen*
Cousin etc.

Mehr über den Akkusativ in der nächsten
Lektion.

Mehr Vokabeln

Familie

der Cousin (-s)	die Cousine (-n)
der Schwiegersohn (¨e)	die Schwiegertochter (¨)
der Schwiegervater (¨)	die Schwiegermutter (¨)
der Opa (-s)	die Oma (-s)
der Großonkel (-)	die Großtante (-n)
der Halbbruder (¨)	die Halbschwester (-n)
die Patchworkfamilie (-n)	

Und zum Schluss

 Sprechen

Ein Interview. Was sagen Sie?

a Haben Sie ein Hobby?

b Joggen Sie gern?

c Gehen Sie gern ins Kino?

d Was lesen Sie gern?

e Was essen Sie gern?

f Was trinken Sie gern?

g Was essen und trinken Sie nicht gern?

h Wie finden Sie Sport?

i Wie finden Sie Deutsch?

j Welches soziales Netzwerk (Facebook,
Instagram etc.) mögen Sie?

k Welches mögen Sie nicht?

l Haben Sie Geschwister?
Wenn ja:
Wie alt sind Ihre Geschwister?
Wo wohnen Ihre Geschwister?
Was machen sie beruflich?

m Haben Sie Kinder?
Wenn ja:
Wie alt sind Ihre Kinder?
Was machen sie?

n Was können Sie noch über Ihre
Familie sagen? Sprechen Sie jetzt über
Ihren Vater, Ihre Mutter, Ihre Tante,
Ihren Onkel etc.

2 Lesen

Text A Joachim Kühn sucht eine Tandempartnerin oder einen Tandempartner

Lesen Sie den Text und beantworten Sie die Fragen.

26.09.2017, 21:27

Joachim ⬤

Stammgast ⬤⬤⬤⬤⬤◯◯

Registriert seit: 20.07.2016

Geschlecht: männlich
Ort: Berlin

Beiträge: 58

Suche Tandempartner(in) aus London!
Ich heiße Joachim Kühn. Ich bin Webdesigner und wohne am Prenzlauer Berg in Berlin. Ich bin 24 Jahre alt und habe zwei Brüder und zwei Schwestern. Ich spiele gern Klavier und E-Bass. Ich mag alte amerikanische Jazzmusik. Ich mag aber auch englischen Fußball. Ich bin ein großer Fan von Arsenal London und manchmal bin ich im Stadion in London. Ich mag die Pubs in London. Ich suche eine Tandempartnerin oder einen Tandempartner in London. Bitte schreibt mir.

Fragen:

a Wo wohnt Joachim?

b Wie viele Geschwister hat er?

c Was spielt er gern?

d Was für Musik mag er?

e Wo ist er manchmal in London?

f Was mag er in London?

Text B Loretta Uribe aus London antwortet

27.09.2017, 09:14

Loretta ⬤

Gast ⬤⬤⬤⬤◯◯

Registriert seit: 23.07.2017

Geschlecht: weiblich
Ort: London

Beiträge: 7

Antwort: Suche Tandempartner(in) aus London!
Hallo, Joachim! Ich heiße Loretta Uribe und meine Familie kommt aus Buenos Aires. Mein Vater ist Argentinier und meine Mutter ist Deutsche. Ich spreche also Spanisch und Deutsch, aber hier in England sprechen wir alle Englisch. Ich bin 23 Jahre alt und bin Köchin. Ich höre gern Jazzmusik, aber ich mag auch klassische Musik. Es tut mir leid, aber Fußball mag ich nicht so sehr! Möchtest du mir schreiben? Und wenn du nach London kommst, können wir uns vielleicht nach einem Match treffen. Ich wohne in Finsbury Park in Nordlondon, das ist gar nicht so weit vom Arsenal-Stadion. Und dort gibt es auch sehr gute Kneipen.

Text C Mark Engelberger antwortet auch aus London

27.09.2017, 10:06

Mark E ●

Gast ●●●●○○

Registriert seit: 04.08.2017

Geschlecht: männlich
Ort: London

Beiträge: 3

Antwort: Suche Tandempartner(in) aus London!
Guten Tag, Joachim! Ich heiße Mark Engelberger und wohne seit zwei Jahren in Stockwell, Südlondon. Ich möchte sehr gerne einen deutschen Brieffreund haben, da ich hier in London keine Chance habe, Deutsch zu sprechen. Ich bin Australier, 26 Jahre alt und komme aus Melbourne. Ich spreche natürlich Englisch, aber meine Eltern sind Deutsche und zu Hause sprechen wir immer Deutsch. Hier in London arbeite ich als Sportlehrer in einer Schule in Brixton. Ich bin auch Arsenal-Fan und bin bei den Heimspielen immer im Stadion. Vielleicht können wir uns dort treffen und nachher in die Clubs im Westend gehen? Bitte schreib mir!

Texte B und C: Richtig oder falsch? Korrigieren Sie die falschen Aussagen.

a Loretta und Mark sprechen beide Deutsch.
b Sie können auch Spanisch und Englisch sprechen.
c Sie sind beide 23 Jahre alt.
d Fußball mögen sie nicht so sehr.
e Loretta wohnt in Nordlondon und Mark in Südlondon.
f Sie beide möchten Joachim nach einem Match treffen.

5 | Essen und Einkaufen

Abschnitt A

Übungen

1 Was passt?

Ordnen Sie zu.

a links = _____
b rechts = _____
c geradeaus = _____
d um die Ecke = _____

↑	⌐→	→	←
1	2	3	4

2 Welches Bild (1, 2 oder 3) passt zu welchem Dialog (a, b oder c)?

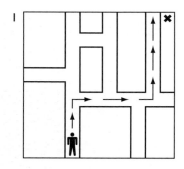 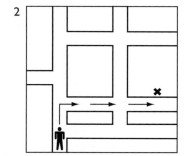 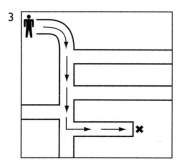

Dialog a
– Entschuldigen Sie, bitte. Gibt es hier in der Nähe eine gute Bäckerei?
– Ja, sicher, die Dorfbäckerei ist sehr gut. Gehen Sie hier geradeaus, etwa 20 Meter und nehmen Sie die zweite Straße rechts. Da in der Mühlengasse finden Sie auf der linken Seite die Dorfbäckerei.

Dialog b
– Guten Morgen! Entschuldigen Sie, bitte. Gibt es vielleicht eine Toilette nicht weit von hier?
– Ja, Sie haben Glück! Im Bahnhof ist eine Toilette.
– Und wo ist der Bahnhof?
– Sie gehen hier um die Ecke und dann geradeaus. Die Bahnhofstraße ist dann die dritte Straße links. Und am Ende der Straße ist schon der Bahnhof.

Dialog c
– Hallo! Könnt ihr mir bitte helfen? Ich möchte heute Abend tanzen gehen. Gibt es hier in der Nähe einen Club?
– Ja, klar! Geh hier geradeaus und nimm dann die erste Straße rechts und die zweite Straße links. Dort gibt es auf der rechten Seite einen Club.

Grammatik (1)

Akkusativ

Akkusativ mit: Gibt es ...? / Ich habe / suche / finde etc.

Beispiel
Gibt es hier ...

(m)	(f)	(nt)
ein**en** Club?	eine Bäckerei?	ein Hotel?

Mit männlichen Nomen: → ein**en**

Dort finden Sie **einen** Park.
Ich suche **einen** Biergarten.
Ich habe **einen** Bruder.

▌ Heißt es *der, die* oder *das*?

Supermarkt – Restaurant – Bank –
Biergarten – Kiosk – Kneipe – Hotel –
Café – Kirche – Fitnesscenter – Park – Post

der	die	das
Supermarkt	*Kneipe*	*Hotel*
_____	_____	_____
_____	_____	_____
_____	*Post*	_____

2 Üben Sie den Akkusativ

Ergänzen Sie.

Gibt es hier ...

a *einen* Supermarkt?
b _____ Kiosk?
c _____ Kneipe?
d _____ Bank?
e _____ Hotel?
f _____ Fitnesscenter?
g _____ Restaurant?
h _____ Park?
i _____ Café?
j _____ Post?
k _____ Biergarten?

Grammatik (2)

Imperativ

Sie-Form:
Gehen Sie geradeaus.
Nehmen Sie die erste Straße links.

du-Form:
Geh geradeaus.
Nimm die erste Straße links.

ihr-Form:
Geht geradeaus.
Nehmt die erste Straße links.

Achtung! du-Form
1 Verben mit Vokalwechsel:
nehmen → du n**i**mmst → *Nimm* die erste Straße.
2 Extra -e, wenn der Verbstamm auf -*t* oder -*d* endet:
antworten → du antwort**e**st → *Antworte* mir, bitte.
reden → du red**e**st → *Rede* nicht so viel.

I Welches Verb fehlt?

suchen – kaufen – gehen – essen – trinken – ~~nehmen~~

a Wo ist die Kantstraße?
Nehmen Sie die erste Straße rechts.
b Gibt es hier in der Nähe einen Park?
_____ Sie immer geradeaus.
c Oh, ich bin durstig.
_____ Sie ein Glas Wasser.
d Ich mag Jamie Oliver.
_____ Sie doch sein neues Buch.
e Mein Englisch ist nicht gut.
_____ Sie doch eine Tandempartnerin aus Großbritannien.
f Ich habe Hunger.
_____ Sie ein Sandwich oder einen Hamburger.

2 Du-Form

Schreiben Sie jetzt in der du-Form.

a *Nimm* die erste Straße rechts.
b _____ immer geradeaus.
c _____ ein Glas Wasser.
d _____ doch sein neues Buch.
e _____ doch eine Tandempartnerin aus Großbritannien.
f _____ ein Sandwich oder einen Hamburger.

3 Der Imperativ

Ergänzen Sie.

Sie-Form	du-Form	ihr-Form
Hören Sie bitte zu!	*Hör bitte zu!*	*Hört bitte zu!*
_____	_____	*Telefoniert nicht so viel.*
_____	_____	
Gehen Sie hier links.	_____	_____
Schreiben Sie eine E-Mail.	_____	_____
	_____	_____
_____	*Sprich lauter, bitte.*	_____
_____	*Lies, bitte!*	_____

Mehr Vokabeln

die Kreuzung (-en)   die Ampel (-n)
die dritte Straße (3. Straße)
die vierte Straße (4. Straße)

Abschnitte B & C

Übungen

I Martina und Andrea sind im Café

Ergänzen Sie.

gemischtes – bitte – jetzt – essen – einen – Kalorien – Sie – ohne – bestellen – eine – Eis – ~~durstig~~

Martina	Oh, bin ich **1** *durstig*. Ich brauche **2**_____ eine Cola.
Andrea	Aber eine Cola hat zu viele **3**_____.
Martina	Mmh, dann nehme ich **4**_____ Cola light. Hallo, wir möchten **5**_____.
Kellner	Was bekommen Sie, **6** _____?
Martina	Ich möchte eine Cola light mit viel **7**_____, bitte.
Kellner	Und **8**_____? Was bekommen Sie?
Andrea	Ich nehme **9**_____ Cappuccino, bitte.
Kellner	Und möchten Sie auch etwas **10**_____?
Andrea	Oh ja, ich nehme einen Apfelkuchen.
Martina	Und ich nehme ein **11**_____ Eis.
Keller	Mit oder **12**_____ Sahne?
Martina	Mmh, natürlich mit Sahne!

2 Getränke und Essen

Ordnen Sie zu.

> ~~Kaffee~~ – Kamillentee – Orangensaft – Tee – Sekt – ~~Schnaps~~ – Weißwein – Butterkuchen – gemischtes Eis – Mineralwasser – Sandwich – Cola – Bier – Rotwein – heiße Schokolade – Limonade – Kirschtorte – Weizenbier

Warme Getränke	Alkoholfreie Getränke	Alkohol	Essen
Kaffee		*Schnaps*	

Grammatik

> ### Akkusativ
>
> **Ich habe / nehme / möchte / bekomme / trinke / esse, etc.**
>
> Ich nehme ...
> ein**en** Kaffee. (m)
> ein**e** Cola. (w/f)
> **ein** Bier. (s/nt)
>
> Ich bekomme ...
> **den** Kaffee. (m)
> **die** Cola. (w/f)
> **das** Bier. (s/nt)
>
> **Nach männlichen Nomen:** → ein**en** / **den**
> Ich trinke **einen** Tee.
> Ich trinke **einen** Schnaps.
> Ich nehme **den** Kuchen.
> Ich bekomme **den** Schnaps.

1 Heißt es *einen*, *eine* oder *ein*?

Ergänzen Sie.

> einen – einen – ein – einen – einen – eine – einen – eine – eine – einen – eine – einen

a Ich habe _____ Sohn und auch _____ Tochter.
b Sandra hat _____ Cousin. Er heißt Kevin.
c Hast du _____ Computer?
d Ich habe _____ Hund. Sein Name ist Nero.
e Dort finden Sie rechts _____ Café.
f Ich möchte _____ Limonade, bitte.
g Trinkst du _____ Tee oder _____ Kaffee?
h Ich bekomme _____ Cola, bitte.
i Nehmen Sie noch _____ Flasche Wasser?
j Ich nehme _____ Orangensaft.

2 Wer bekommt was?

Ergänzen Sie mit *den*, *die* oder *das*.

a Susanne bekommt *den* Orangensaft.
b Kai nimmt _____ Kaffee.

c Timo bekommt _____ Schnaps.

d Axel trinkt _____ Limonade.

e Annett trinkt _____ Cola.

f Nicolai trinkt _____ Glas Wasser.

g Jasmin bekommt _____ Bier.

h Julian bekommt _____ Tee und _____ Apfelkuchen.

i Carsten bekommt _____ Eis und _____ Tasse Tee.

j Svenja bekommt _____ Milchkaffee und _____ Butterkuchen.

Mehr Vokabeln

Leichte Gerichte / Snacks

der Hamburger (-)
der Veggi-Burger (-)
der Hotdog (-s)
der Kebab (-s)
das Sandwich (-e)
der/das Wrap (-s)
das Hähnchen (-)
die Bratwurst (¨e)
die Ofenkartoffel (-n)
die Suppe (-n)
die Pommes frites/Pommes (Plural)

Abschnitt D–I

Übungen

I Was ist das?

Ordnen Sie zu.

---

der Salat – die Zitrone – das Würstchen – die Karotte – der Käse – das Ei – der Apfel – der Fisch – das Hähnchen – das Brötchen – das Brot – die Kartoffel

---

(a) _der Salat_

(b) _____

(c) _____

(d) _____

(e) _____

(f) _____

(g) _____

(h) _____

(i) _____

(j) _____

(k) _____

(l) _____

2 Lebensmittel

Ergänzen Sie die Sätze 1–8 und schreiben Sie Ihre Antworten in die Box. Dann sehen Sie ein neuntes Wort. Was ist das Wort?

1 Wenn man Vegetarier aber kein Veganer ist, kann man Gemüse, Eier und K ä _ _ essen.

2 In Asien isst man viel Reis, aber in Europa isst man viele K _ _ _ _ _ _ _ _.

3 Würste kann man in der Fleischerei oder im Supermarkt kaufen. Die kleinen Würste heißen _ _ _ _ _ c h e n.

4 Zum Frühstück esse ich meistens ein _ _ _ t mit Marmelade.

5 In England trinkt man _ _ _ meistens mit Milch, aber manchmal mit Zitrone.

6 Wenn man zu dick ist, muss man mehr Obst, Gemüse und _ _ l _ _ essen.

7 Man braucht viele Ä _ _ _ _ , wenn man Cider macht.

8 Ich nehme einen Kaffee und ein Stück _ u _ _ _ _ mit Sahne.

Und was ist das neunte Wort?

1							
2							
3							
	4						
			5				
	6						
		7					
	8						

3 Was kann man sagen?

	eine Flasche	eine Dose	eine Packung	ein Stück	250 Gramm
Olivenöl	✓				
Bier					
Karotten					
Salami					
Wasser					
Käse					
Brot					
Kaffee			✓		

Neue Vokabeln

07.30   zum Frühstück

a

13.00   zu Mittag

b

19.00   zum Abendbrot/ zum Abendessen

c

4 Was essen die Leute?

Lesen Sie die Texte und beantworten Sie die Fragen.

Andreas Kaputtzke, 47, Bankangesteller

Zum Frühstück esse ich zwei Brötchen mit Marmelade. Ich trinke einen Kaffee.

Zu Mittag gehe ich in die Kantine und ich esse eine Pizza oder Fisch. Ich trinke Mineralwasser oder eine Cola. Zum Abendbrot esse ich oft eine Suppe oder Pasta. Ich trinke ein Glas Rotwein.

Konstantin Berger, 21, Student

Zum Frühstück esse ich Cornflakes mit Milch und ich trinke einen Kaffee. Zu Mittag esse ich ein Baguette mit Käse oder Salami und trinke eine Cola. Zum Abendbrot esse ich einen Hamburger, eine Pizza oder Hähnchen mit Pommes. Ich trinke eine Flasche Bier, manchmal auch zwei Flaschen.

Magdalena Müller, 32, Yoga-Lehrerin

Zum Frühstück esse ich Müsli und trinke Tee. Manchmal esse ich auch einen Joghurt. Zu Mittag esse ich einen Salat und trinke eine Flasche Mineralwasser. Zum Abendbrot esse ich oft Tofu oder Reis. Ich esse kein Fleisch. Ich bin Vegetarierin. Ich koche gern und esse gern japanisch.

Richtig oder falsch? Korrigieren Sie die falschen Aussagen.

Beispiel

Zum Frühstück essen Andreas und Magdalena Brötchen. →
Falsch. Andreas isst zwei Brötchen, aber Magdalena isst Müsli.

a Zum Frühstück trinken Andreas und Konstantin Kaffee.

b Zu Mittag isst Andreas Pizza oder Fleisch.

c Zu Mittag isst Konstantin einen Hamburger oder Hähnchen mit Pommes.

d Magdalena isst Tofu oder Reis zum Abendbrot.

e Andreas und Konstantin trinken beide Wein.

f Magdalena isst gern Fleisch.

Achtung! Wortstellung

Das Verb ist das 2. Element:

(1)	(2)	(3)
Ich	esse	Brötchen zum Frühstück.
Zum Frühstück	esse	ich Müsli.
Zum Abendbrot	trinke	ich ein Bier.

---

5 Und Sie? Was essen Sie?

Schreiben Sie und sprechen Sie dann.

a Was essen Sie zum Frühstück?
Zum Frühstück esse ich
_____.

b Was trinken Sie zum Frühstück?
Zum Frühstück trinke ich
_____.

c Was essen Sie zu Mittag?
Zu Mittag esse ich
_____.

d Was trinken Sie zu Mittag?
Zu Mittag trinke ich
_____.

e Was essen und trinken Sie zum Abendbrot?
Zum Abendbrot esse ich _____
und ich trinke _____.

f Was essen Sie und was trinken Sie gern?
Ich esse gern _____ und ich
trinke gern _____.

g Was essen Sie nicht gern und was trinken Sie nicht gern?
Ich esse nicht gern _____ und
ich trinke nicht gern _____.

Grammatik

> ## Plural (2)
>
> **Tipp – typische Endungen**
>
> **Männliche Nomen: -e oder ¨e**
> der Wein → die Wein**e**
> der Saft → die S**ä**f**te**
>
> **Weibliche Nomen: -n / -en oder ¨e**
> die Flasche → die Flasche**n**
> die Packung → die Packung**en**
> die Wurst → die W**ü**rst**e**
>
> **Sächliche Nomen: -e oder ¨e**
> das Bier → die Bier**e**
> das Buch → die B**ü**ch**er**
>
> **Englische/Französische Nomen etc.: -s**
> das Taxi → die Taxi**s**
> die Cola → die Cola**s**
>
> **Nomen mit -chen: -**
> das Würstchen → die Würstchen

I Wie heißt der Plural?

i

a der Salat → *die Salate*
b der Pilz → _____
c _____ → *die Kurse*
d der Kiosk → _____
e der Schnaps → *die Schnäpse*
f der Orangensaft → _____
g der Apfelsaft → _____
h der Supermarkt → _____

ii

a die Karotte → _____
b die Tomate → _____
c die Dose → *die Dosen*
d die Tasse → _____
e die Flasche → _____
f die Kartoffel → _____
g die Packung → _____
h die Zeitung → _____

i die Wurst → _____
j _____ → die Städte

iii

a das Bier → _____
b das Brot → _____
c das Getränk → _____
d das Land → *die Länder*
e das Buch → _____
f das Haus → _____

iv

a das Restaurant → _____
b das Café → *die Cafés*
c das Hotel → _____
d das Kino → _____
e die Salami → _____
f der Park → _____

2 Eine Einkaufsliste (*Shopping list*)

i

Britta und Carsten machen eine große Party.
Hier ist ihre Einkaufsliste. Ergänzen Sie die
Pluralformen.

> **Einkaufsliste**
>
> a 20 Flasche__ Wasser
> b 15 Flasch__ Wein
> c 30 Dose__ Bier
> d 10 Orangensäft__, 10 Apfelsäft__
> e 40 Packung__ Tortilla-Chips
> f 15 Baguette__ + 4 Weißbrot__
> g 5 Packung__ Tofu
> h 5 Salami__
> i 100 Plastikgläs__
> j 200 Serviette__

ii

Sie machen eine Party. Was brauchen Sie?
Schreiben Sie eine Einkaufsliste.

Abschnitt D–2

Übungen

I Welches Wort fehlt?

Tag – Abonnement – billig – ~~Ausstellungen~~ –
Kuchen – lieber – Schwimmbad – teuer

a Ich gehe oft ins Museum, hier in Berlin gibt es
gute *Ausstellungen*.

b Im Sommer gehe ich gern ins _____.

c Wir gehen jeden _____ in den Park.

d Ich gehe oft ins Theater – wir haben ein
_____.

e Ich gehe gern ins Café. Ich mag _____.

f Ich gehe selten ins Restaurant. Das ist zu
_____ für mich.

g Jeden Montag ist Kino-Tag. Da ist es
besonders _____.

h Ich gehe gern ins Restaurant, aber ich gehe
_____ ins Café.

2 Wie oft?

Sagen Sie es anders.

Benutzen Sie: ~~häufig~~, *oft, manchmal, selten*
oder *nie*.

a Sie liest jeden Tag die Zeitung.
   Sie liest häufig die Zeitung.

b Er geht einmal im Monat joggen.
   _____.

c Er geht einmal im Jahr ins Theater.
   _____.

d Sie geht dreimal oder viermal pro Woche
schwimmen.
   _____.

e Er hasst Opernmusik.
   Er geht _____ in die Oper.

Grammatik

Akkusativ

Achtung! Akkusative nach: *Ich gehe in ...*

Ich gehe ... (m)	*Ich gehe...* (f)	*Ich gehe ...* (nt)
in den Park	**in die** Kneipe	**ins** Theater
in den Biergarten	**in die** Oper	**ins** Kino
in den Club	**in die** Disco	**ins** Café
	in die Bäckerei	**ins** Restaurant
	in die Kirche	**ins** Museum
		ins Fitnesscenter

I Wohin gehen die Leute?

a   Marianne geht *ins Café*.

b   Peter geht _____.

c   Claudia geht _____.

d   Stefan geht _____.

e   Simone _____.

2 Und wohin gehen Sie? Und wie oft?

Schreiben Sie und sprechen Sie dann.

a Wie oft gehen Sie ins Kino?

_____.

b Wie oft gehen Sie in die Kneipe?

_____.

c Wie oft gehen Sie ins Café?

_____.

d Gehen Sie manchmal ins Fitnesscenter?

_____.

e Gehen Sie manchmal in den Club oder in die Disco?

_____.

f Und wie oft gehen Sie ins Restaurant?

_____.

g Wohin gehen Sie gern und wohin gehen Sie nicht gern?

_____

Mehr Vokabeln

Restaurant

Ich esse gern ...
chinesisch.   italienisch.
deutsch.   japanisch.
französisch.   südamerikanisch.
indisch.   türkisch.

Als Vorspeise nehme ich ...
Als Hauptgericht möchte ich ...
Als Nachtisch/Dessert nehme ich ...
Die Rechnung, bitte.

Und zum Schluss

 I Sprechen

Ein Interview. Was sagen Sie?

a Was essen Sie zum Frühstück?
b Was trinken Sie zum Frühstück?
c Was essen und trinken Sie zu Mittag?
d Was essen und trinken Sie zum Abendbrot?
e Was essen Sie und was trinken Sie gern?
f Trinken Sie lieber Tee oder Kaffee?
g Sie sind im Café. Bestellen Sie:
  Was möchten Sie trinken?
  Was möchten Sie essen?
h Sind Sie Vegetarier?
i Kochen Sie gern? Wenn ja, was kochen Sie?
j Gehen Sie oft ins Café?
k Gehen Sie oft ins Restaurant?
l Was essen Sie gern? (Zum Beispiel: japanisch, indisch, italienisch etc.)
m Sie sind im Restaurant: Bestellen Sie eine Vorspeise, ein Hauptgericht, einen Nachtisch und etwas zum Trinken.
n Gehen Sie lieber ins Kino oder ins Theater?
o Wohin gehen Sie gern und wohin gehen Sie nicht gern?

 2 Lesetext: Im italienischen Restaurant

Florian und Susanna essen zusammen im Café Portobello. Susanna ist Vegetarierin.

Lesen Sie die Speisekarte auf der Seite 48: Welche sieben Gerichte kann Susanne nicht essen?

Schreiben Sie die Nummern der Gerichte in die Box:

3						

Neue Vokabeln

die Gurke (-n)	cucumber
der Schinken (-)	ham
die Zwiebel (-n)	onion
die Hähnchenbrust (¨e)	chicken breast
das Rindfleisch	beef

CAFÉ PORTOBELLO

Limmer Straße 105 ~ 30451 Hannover
Öffnungszeiten: Mo.–Fr. 16 Uhr–1 Uhr und Sa. & So. 10 Uhr–1 Uhr
Bestellungen unter Tel. 0511/ 210 4004

Salate

1.	Gemischter Salat – mit Tomaten, Gurken etc.	€ 4,00
2.	Mozzarellasalat – mit Tomaten und Basilikum	€ 4,50
3.	Portobellosalat – mit Schinken, Käse, Pilzen, Gurken etc.	€ 5,50
4.	Gemüsesalat – mit Brokkoli, Blumenkohl, Karotten, Mais	€ 5,00
5.	Hähnchensalat – mit Tomaten, Gurken, Mais, Oliven etc.	€ 6,50

Suppen

6.	Zwiebelsuppe	€ 4,00
7.	Tomatensuppe	€ 4,50
8.	Rindfleischsuppe	€ 4,50

Pizza

9.	Original – Tomaten, Käse, Salami, Pilze, Paprika	€ 6,00
10.	Funghi – Tomaten, Käse, Pilze	€ 6,00
11.	Primavera – Tomaten, Käse, Schinken, Artischocken	€ 7,50
12.	California – Tomaten, Käse, Kirschen, Bananen etc.	€ 7,50
13.	Spezial – Tomaten, Käse, Ananas, Hähnchenbrust, Peperoni	€ 8,50

Verschiedenes

14.	Überbackene Gemüseplatte	€ 6,50
15.	Rührei Spezial – Tomaten, Zwiebel, frische Pilze	€ 5,50
16.	Portobello Spezial – Rindfleisch mit Eiern, Tomaten, Zwiebeln etc.	€ 8,50
17.	Borani – Auberginen in Tomatensauce, Joghurt, Salat	€ 8,00

Alle Preise inklusive Bedienungsgeld und Mehrwertsteuer.

6 | Uhrzeiten und Verabredungen

Abschnitt A

Übungen

1 Wie heißen die Wochentage?

a Montag   **c** Mi _ _w _ ch   **e** _ r _ _ tag   **g** _ o _ _ tag
b D _ _nst _ g   **d** Do _ _ _ rstag   **f** S _ _ _tag

Und: Samstag + Sonntag = das Wochenende

2 Welcher Satz (a–h) passt zu welchem Symbol (1–8)?

 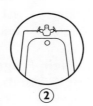 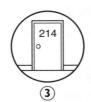 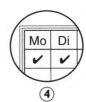

①   ②   ③   ④

⑤   ⑥   ⑦   ⑧

a Ich möchte ein Einzelzimmer, bitte.
b Ich möchte ein Doppelzimmer.
c Ich möchte ein Zimmer für zwei Nächte.
d Mit Dusche, bitte.
e Ich möchte ein Zimmer mit Bad.
f Ich nehme ein Zimmer für vier Nächte, bitte.
g Wie ist die Zimmernummer?
h Und was kostet das Zimmer?

a	b	c	d	e	f	g	h
6							

3 Katja Kuhlmann möchte ein Zimmer buchen

Ergänzen Sie.

Schlüsselkarte – Restaurant – Aufenthalt – ~~Einzelzimmer~~ – heute – Internetzugang – Nacht – Frühstück – möchten – von – kostet – bis – Nächte – essen – nehme – Dusche

Katja	Guten Tag. Haben Sie ein 1 *Einzelzimmer* frei?
Empfangsdame	Und für wie lange 2_____ Sie das Zimmer?
Katja	Für drei 3_____ – von 4_____ bis Donnerstag.
Empfangsdame	Möchten Sie ein Zimmer mit Bad oder 5_____?
Katja	Mit Bad, bitte. Hat das Zimmer auch WLAN?
Empfangsdame	Ja, natürlich. Alle Zimmer haben 6_____.
Katja	Und was 7_____ das Zimmer?
Empfangsdame	126 Euro pro 8_____.
Katja	Gut. Und wann gibt es 9_____?
Empfangsdame	Wir haben ein Frühstücksbuffet 10_____ sieben Uhr 11_____ neun Uhr.
Katja	Kann man auch am Abend hier im Hotel etwas 12_____?
Empfangsdame	Ja, unser 13_____ ist bis 22 Uhr geöffnet.
Katja	Wunderbar. Dann 14_____ ich das Zimmer.
Empfangsdame	Hier ist Ihre 15_____ . Zimmer 32. Ich wünsche Ihnen einen angenehmen 16_____ .

Grammatik

Fragen (2)

Fragen mit wo, wie, wann, was, wie viel etc.

Das *Verb* ist das 2. Element:

(1)	(2)	(3)
Wo	*wohnen*	Sie?
Wann	*gibt*	es Frühstück?
Wie viel	*kostet*	das Zimmer?

Ja-Nein-Fragen

Das *Verb* ist das 1. Element:

(1)	(2)	(3)
Haben	Sie	ein Zimmer frei?
Möchten	Sie	ein Zimmer mit Bad?

Manchmal gibt es ein 2. *Verb* am Ende:

(1)	(2)	(3)	(Ende)
Möchten	Sie	mit Karte	*zahlen?*

I Welche Frage (A) passt zu welcher Antwort (B)?

A

1 Haben die Zimmer WLAN?
2 Um wie viel Uhr gibt es Frühstück?
3 Kann ich am Abend im Hotel essen?
4 Möchten Sie ein Zimmer mit Dusche?
5 Wie lange möchten Sie das Zimmer?
6 Gibt es Frühstück hier im Hotel?
7 Wie ist die Zimmernummer?

B

a Ja, wir haben ein großes Frühstücksbuffet.
b Ja, mit Dusche, bitte.
c Zwischen sieben und neun Uhr.
d Achtzehn.
e Ja, alle Zimmer haben Zugang zum Internet.
f Für drei Nächte, bitte.
g Nein, leider nicht. Das Restaurant ist nur bis 18 Uhr geöffnet.

Wie viele Ja-Nein-Fragen gibt es in Übung 1?

2 Wie heißen die Fragen?

Ergänzen Sie.

a _____?

Ja. Möchten Sie ein Einzelzimmer oder eine Doppelzimmer?

b _____?

Für drei Nächte, bitte.

c _____?

Nein, mit Dusche, bitte.

d _____?

154 Euro, inklusive Frühstücksbuffet.

e _____?

Zwischen sieben und neun Uhr.

f _____?

Nein, leider hat das Zimmer keinen Internetzugang.

Mehr Vokabeln

Hotels

Ein Zimmer ...
mit Frühstück.
ohne Frühstück.
mit Halbpension. (HP)
mit Vollpension. (VP)
mit Internetzugang.

das WLAN
die Schlüsselkarte / die Chipkarte

Halbpension = Frühstück + Abendessen
Vollpension = Frühstück + Mittagessen + Abendessen

Abschnitt B

Übungen

1 Wie viel Uhr ist es?

Ordnen Sie zu.

 ①    ②    ③    ④    ⑤

 ⑥    ⑦    ⑧    ⑨    ⑩

a Es ist halb sieben.

b Es ist zwanzig nach neun.

c Es ist Viertel vor drei.

d Es ist Viertel nach acht.

e Es ist halb elf.

f Es ist fünf vor vier.

g Es ist halb acht.

h Es ist zehn vor fünf.

i Es ist kurz vor zwölf.

j Es ist fünf nach halb sechs.

2 Die 24-Stunden-Uhr

Beispiele

7.00 Uhr →   Es ist sieben Uhr morgens.

17.00 Uhr →   Es ist fünf Uhr nachmittags.

a 13.00 Uhr →

_____

b 18.00 Uhr →

_____

c 21.00 Uhr →

_____

d 16.00 Uhr →

_____

e 23.00 Uhr →

_____

f 15.00 Uhr →

_____

g 2.00 Uhr →

_____

h 14.00 Uhr →

_____

Grammatik

Man kann sagen:

a morgens *oder* am Morgen

b mittags *oder* am Mittag

c nachmittags *oder* am Nachmittag

d abends *oder* am Abend

e nachts *oder* in der Nacht

Es ist sechs Uhr morgens. *oder* Es ist 6 Uhr am Morgen.

Es ist zwölf Uhr mittags. *oder* Es ist 12 Uhr am Mittag.

I Die Weltzeit

Berlin	16.00
Moskau	18.00
London	15.00
Hongkong	23.00
New York	10.00
Rio de Janeiro	12.00
Neu Delhi	22.30
Kapstadt	17.00
Los Angeles	07.00
Sydney	02.00

Wie spät ist es in Moskau, London etc.?
Benutzen Sie *am Morgen, am Mittag, am Nachmittag, am Abend, in der Nacht.*

Beispiel
In Berlin ist es vier Uhr am Nachmittag.

a Moskau: + 2 Stunden
   In Moskau ist es sechs Uhr am Abend.

b London: –1 Stunde

c Hongkong: +7 Stunden

d New York: –6 Stunden

e Rio de Janeiro: –4 Stunden

f Neu Delhi: +6 Stunden

g Kapstadt: +1 Stunde

h Los Angeles: –9 Stunden

i Sydney: +11 Stunden

Mehr Vokabeln

Sagen Sie es anders

morgens – am Morgen
vormittags – am Vormittag
mittags – am Mittag
nachmittags – am Nachmittag
abends – am Abend
nachts – in der Nacht

Achtung! – *morgen* und *übermorgen*
Heute ist Sonntag, *morgen* ist Montag.
Heute ist Sonntag, *morgen* ist Montag und
übermorgen ist Dienstag.

Abschnitt C

Übungen

I Welches Verb passt am besten?

anrufen – arbeiten – ~~aufstehen~~ – duschen
– einkaufen – sehen – frühstücken – gehen
– kochen – lesen – machen – schreiben –
spielen – treffen – trinken – verlassen

a um 6.30 Uhr: *aufstehen*
b eine Tasse Tee trinken, ein Croissant essen:
   _____
c im Bad: _____
d das Haus: _____
e im Büro, in einer Bank etc.: _____
f eine E-Mail, eine SMS etc.: _____
g eine Kundin, einen Kunden: _____
h eine Mittagspause: _____
i Fußball, Tennis, Gitarre: _____
j Spaghetti, eine Suppe, Essen: _____
k einen Cappuccino, ein Bier, ein Glas Tee:
   _____
l eine Freundin, einen Freund: _____

m im Supermarkt, auf dem Markt:

_____

n ins Kino, ins Restaurant, ins Bett:

_____

o eine Zeitung, ein Magazin, ein Buch:

_____

p die Nachrichten, ein Fußballspiel, einen Film:

_____

2 Was macht Dennis?

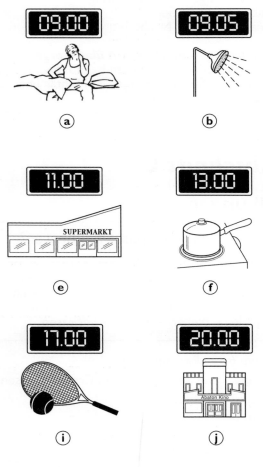

Ergänzen Sie, bitte.

a Was macht Dennis um 9.00 Uhr?
Um 9.00 Uhr steht er auf.

b Was macht Dennis dann?
Dann duscht er.

c Was macht er um 9.30 Uhr?
Um 9.30 Uhr

_____

d Um wie viel Uhr verlässt er das Haus?
Er verlässt

_____

e Was macht er um 11.00 Uhr?
Um 11.00 Uhr

_____

f Was macht er um 13.00 Uhr?
Um 13.00 Uhr

_____

g Was macht er um 13.45 Uhr?
Um 13.45 Uhr

_____

h Was macht er am Nachmittag?
Am Nachmittag

_____

i Was macht er um 17.00 Uhr?
Um 17.00

_____

j Wohin geht er um 20.00 Uhr?
Um 20.00 Uhr

_____

k Was macht er um 22.00 Uhr?
Um 22.00 Uhr

_____

l Wann geht er ins Bett?
Er geht

_____

Grammatik (1)

Trennbare Verben

Verben mit den folgenden Präfixen sind meistens trennbar:
ab-, an-, auf-, ein-, fern-.

Beispiele: *ab*holen, *an*rufen, *auf*stehen,
*ein*kaufen, *fern*sehen →
Sie holt die Kinder *ab*.
Er ruft seine Eltern *an*.
Ich stehe nicht gern um 6 Uhr *auf*.
Wir kaufen im Supermarkt *ein*.
Heute Abend sehen wir *fern*.

Auch: *mit*! Zum Beispiel: *mit*kommen →
Kommst du *mit*?

1 Trennbare Verben

Verbinden Sie Satzteil A mit Satzteil B.

A
1 Susanne steht immer
2 Peter sieht jeden Abend
3 Frau Schulz kauft gern
4 Herr Klose ruft gerade
5 Wann fängt das Konzert
6 Herr Matthies holt heute

B
a eine Kundin an.
b seine Kinder von der Schule ab.
c um 9 Uhr auf.
d heute Abend an?
e im Plus-Supermarkt ein.
f fern.

2 Wie heißen die trennbaren Verben?

Ergänzen Sie.

ein – an – ab – mit – auf – an – an – fern –
auf – fern – ab – an

a Ich stehe um 7 Uhr _____.
b Mein Kurs fängt um 18.00 Uhr _____.
c Er kauft im Supermarkt _____.
d Ich rufe Sie um 5 Uhr _____.
e Sie sieht gern _____.
f Ich hole Peter _____.
g Wann stehst du morgens _____?
h Ich sehe oft _____.
i Um wie viel Uhr fängt deine Arbeit _____.
j Sie holt eine Freundin von der Arbeit _____.
k Sie ruft eine Kundin _____.
l Ich möchte heute clubben gehen. Kommst du _____?

Grammatik (2)

Wortstellung

Inversion

Das *Subjekt* steht **nach** dem Verb, wenn auf Position (1) ein anderes Element ist, zum Beispiel „Dann ...", „Danach ...", „Um 8 Uhr ..." etc.

(1)	(2)	(3)	(4)
Dann	frühstücke	*ich*.	
Um 8 Uhr	gehe	*ich*	aus dem Haus.
Danach	trinkt	*er*	ein Bier.

I Das macht Susanne am Samstag

Beginnen Sie die Sätze mit den Wörtern in den Klammern (*brackets*).

Beispiel
Ich stehe normalerweise um 9 Uhr auf. (*Am Samstag*) →
Am Samstag stehe ich normalerweise um 9 Uhr auf.

a Ich esse Joghurt, Früchte und Croissants zum Frühstück. (Dann)

b Ich kaufe meistens auf dem Markt ein. (Danach)

c Ich esse in einem Café zu Mittag. (Um ein Uhr)

d Ich treffe oft Freunde. (Am Nachmittag)

e Wir gehen ins Kino oder schwimmen. (Meistens)

f Wir kochen etwas zusammen. (Danach)

g Wir gehen gern tanzen. (Anschließend)

h Ich gehe um Mitternacht ins Bett. (Meistens)

Mehr Vokabeln

Mehr trennbare Verben

Verben mit den folgenden Präfixen sind meistens trennbar: *aus-, vor-, zu-, zurück-*:

ausmachen	*to turn off*
vorbereiten	*to prepare*
zumachen	*to close*
zurückkommen	*to come back*

ausmachen	Er macht das Licht *aus*.
vorbereiten	Timo bereitet das Essen *vor*.
zumachen	Sie macht die Tür *zu*.
zurückkommen	Sie kommen um 8 Uhr *zurück*.

Abschnitte D & E

Übungen

I Marc möchte mit Philipp ins Kino gehen

Ordnen Sie den Dialog.

1	2	3	4	5	6
i					

7	8	9	10	11	12

a Marc Kannst du am Montag? Da ist Kino-Tag.

b Philipp Um 8 Uhr vielleicht? Dann können wir vorher noch etwas trinken.

c Marc Am Dienstag mache ich einen Computerkurs, ich lerne nämlich gerade Photoshop. Vielleicht Mittwoch oder Donnerstag?

d Philipp Gut, danke. Und dir?

e Marc Ja, das ist eine gute Idee. Also dann bis Mittwoch um 8 Uhr.

f Philipp Ja, bis Mittwoch. Mach's gut.

g **Marc**   Auch gut. Philipp, ich möchte nächste Woche ins Kino gehen. Es gibt einen neuen Film mit Emma Watson. Kommst du mit?

h **Philipp**   Tut mir leid. Am Montagabend kann ich nicht. Da muss ich bis 9 Uhr arbeiten. Kannst du am Dienstag?

i **Marc**   Hallo Philipp. Wie geht's?

j **Philipp**   Ja, sehr gern. Wann denn?

k **Marc**   Um Viertel vor neun. Wann treffen wir uns?

l **Philipp**   Am Donnerstag kann ich nicht, aber Mittwoch ist gut. Wann fängt der Film an?

Grammatik

Modalverben (1) – *können, müssen, möchten*

1 Modalverben sind unregelmäßig:

ich	→	kann	muss	möchte
du	→	kannst	musst	möchtest
Sie	→	können	müssen	möchten
er/sie	→	kann	muss	möchte
wir	→	können	müssen	möchten
ihr	→	könnt	müsst	möchtet
Sie/sie	→	können	müssen	möchten

2 Wortstellung
Das *Modalverb* ist meistens in Position 2. Gibt es ein *2. Verb*, steht es am Ende. Das *2. Verb* ist im Infinitiv:

(1)	(2)	(3)	(4) (Ende)
Ich	*möchte*	gern ins Kino	*gehen.*
Dann	*können*	wir vorher etwas	*trinken.*
Ich	*muss*	bis 21.00 Uhr	*arbeiten.*

Achtung! Modalverben + trennbare Verben

Ich	muss	immer früh	*aufstehen.*
Kai	kann	nicht	*mitkommen.*

I Modalverben

Ergänzen Sie, bitte.

a Ich _____ noch eine E-Mail schreiben. (müssen)

b _____ du Myriam anrufen? (können)

c Er _____ am Mittwoch nicht kommen. (können)

d Florbella _____ am Montag arbeiten. (müssen)

e Wir _____ nur heute Abend ins Konzert gehen. (können)

f Wir _____ am Samstag bis 8 Uhr arbeiten. (müssen)

g _____ ihr zur Party kommen? (können)

h _____ ihr morgen arbeiten? (müssen)

i Ich _____ jetzt meine Freundin abholen. (müssen)

j Ich _____ am Wochenende gern ins Fußballstadion gehen. (möchten)

k _____ du mitkommen? (möchten)

l Was _____ ihr morgen Abend machen? (möchten)

2 Ordnen Sie die Sätze

Beginnen Sie die Sätze mit den unterstrichenen Wörtern.

Beispiel
muss / <u>Ich</u> / heute Abend / lernen
Ich muss heute Abend lernen.

a nicht / kann / kommen / zur Party / <u>Er</u>

b kochen / können / <u>Wir</u> / etwas zusammen

c heute Nachmittag / <u>Tanya</u> / gehen / möchte / ins Fitnesscenter

d einkaufen / heute Abend / <u>Wir</u> / müssen / gehen

e morgen / um halb 6 / aufstehen /muss / <u>Er</u>

f trinken? / <u>Was</u> / möchtest / gern / du /

g kann / man / machen? / <u>Was</u> / am Wochenende / in Ihrer Stadt

3 Was können Sie gut? Was können Sie nicht so gut?

Beantworten Sie die Fragen.

Beispiel
Können Sie gut Auto fahren? →
Ja, ich kann sehr gut / gut / ganz gut Auto fahren.
Nein, ich kann nicht gut / überhaupt nicht Auto fahren.

a Können Sie gut Auto fahren?

_____

b Können Sie Motorrad fahren?

_____

c Können Sie Englisch sprechen?

_____

d Können Sie gut Fußball spielen?

_____

e Können Sie Klavier spielen?

_____

f Können Sie gut singen?

_____

g Können Sie gut tanzen?

_____

h Können Sie gut kochen?

_____

i Was können Sie noch gut? Können Sie drei Beispiele finden?

_____

4 Und jetzt Sie

Zwei Freunde möchten Sie besuchen und fragen Sie: Was kann man am Wochenende in Ihrer Stadt machen?

Schreiben Sie in einer E-Mail, was man am Wochenende machen kann.

Liebe Angelika, lieber Peter,

wie geht's? Ihr kommt nächstes Wochenende? Das ist fantastisch.

Hier in _____ kann man sehr viel machen.

Am Samstagmorgen können wir _____
_____

Am Nachmittag kann man _____
_____

Am Samstagabend können wir _____
_____
_____

Am Sonntag können wir _____
_____
_____

Bis Samstag. Viele Grüße
_____

Mehr Vokabeln

Ausgehen

die Ausstellung (-en)
das Ballett (-e)
das Festival (-s)
die Führung (-en) / die Tour (-en)
das Konzert (-e)
die Lesung (-en)
das Musical (-s)
die Party (-s)
die Sehenswürdigkeit (-en)
der Geheimtipp (-s)

Und zum Schluss

 Sprechen

Ein Interview. Was sagen Sie?

a Wann stehen Sie normalerweise auf?

b Wann frühstücken Sie?

c Was essen Sie normalerweise zum Frühstück?

d Wann gehen Sie meistens aus dem Haus?

e Wann fängt Ihre Arbeit / Ihr Studium an?

f Wann essen Sie zu Mittag?

g Was essen Sie?

h Was machen Sie am Nachmittag?

i Kaufen Sie meistens im Supermarkt ein?

j Was machen Sie meistens am Abend?

k Gehen Sie manchmal ins Kino, ins Theater oder ins Konzert?

l Wenn ja, wie oft?

m Sehen Sie abends oft fern?

n Wie oft am Tag checken Sie Ihre sozialen Netzwerke / Ihr Handy?

o Wann essen Sie zu Abend? Und was essen Sie?

p Wann gehen Sie normalerweise ins Bett?

q Was machen Sie normalerweise am Wochenende? Erzählen Sie.

r Was kann man in Ihrer Stadt machen?

s Was kann man dort am Wochenende machen?

t Haben Sie einen Geheimtipp für Ihre Stadt?

u Müssen Sie manchmal auch am Wochenende oder am Abend arbeiten?

v Was können Sie gut? Nennen Sie mindestens drei Beispiele.

w Was können Sie nicht so gut? Nennen Sie drei Beispiele.

x Was möchten Sie heute noch machen?

 **2 Lesen**

Daniels Blog – Mein Wochenende

 Freitag
Es ist Freitag und mein Chef ist nicht da. Da mache ich heute spätestens um 14 Uhr Feierabend!

Heute gehe ich erst noch zum Training. Danach treffe ich meine Freundin Steffi und um 15.30 Uhr gehen wir ins Kino. Im CinemaxX spielt der neue Film mit Jennifer Lawrence. Den möchten wir sehen.

Nach dem Film gehen wir dann essen. Wir essen gern griechisch und im Stadtzentrum gibt es drei gute griechische Restaurants. Wenn man vor 18 Uhr ins Dionysos kommt, gibt es dort Spezialpreise und man kann ziemlich viel Geld sparen.

Danach möchte Steffi nach Hause gehen und fernsehen, aber ich möchte lieber in die Casablanca-Disco gehen und tanzen. Da kann man bis um 23 Uhr für nur drei Euro reinkommen. Ich trinke auch überhaupt keinen Alkohol, wenn ich Auto fahren muss. Wir tanzen meistens bis um halb drei morgens und dann kommt Steffi mit mir nach Hause.

Samstag
Samstags kann Steffi lange schlafen. Ich muss aber schon um 9 Uhr im Büro sein. Das finde ich natürlich nicht so gut! Aber um eins ist samstags bei uns im Büro schon wieder Feierabend. Oft fahre ich Samstagnachmittag zu einem Fußballspiel. Steffi fährt manchmal mit, aber Fußball findet sie nicht so interessant. Meistens fahre ich mit meinem Freund Alex zum Spiel.

Am Samstagabend bin ich immer mit Steffi zusammen. Manchmal gehen wir ins Kino, manchmal gehen wir mit Freunden in die Kneipe und manchmal bleiben wir bei mir zu Hause. Die Hauptsache ist, dass wir zusammen sind.

Sonntag
Sonntags schlafe ich lange und besuche dann nach dem Mittagessen meine Oma. Ich helfe meiner Oma im Haushalt und mit der Gartenarbeit. Sie backt mir immer einen wunderbaren Kuchen. Am Abend sehen wir ein bisschen fern und gegen 9 Uhr gehe ich wieder nach Hause. Dann ist der Montag bald wieder da!

Richtig oder falsch? Korrigieren Sie die falschen Aussagen.

a Am Freitag kann Daniel um 2.00 Uhr nachmittags Feierabend machen, weil sein Chef nicht da ist.

b Daniel und Steffi wollen Freitagabend ins Kino gehen.

c Daniel und Steffi essen gern griechisch, aber im Stadtzentrum gibt es nur ein griechisches Restaurant.

d Daniel möchte später am Freitagabend tanzen gehen, aber Steffi möchte lieber zu Hause fernsehen.

e Daniel trinkt nur wenig Alkohol, wenn er fahren muss.

f Samstags muss Daniel von 9.00 bis 13.00 Uhr arbeiten.

g Oft fährt er am Samstagnachmittag mit seinem Freund Alex zu einem Fußballspiel.

h Samstagabend ist Daniel immer mit Steffi zusammen.

i Sonntags besucht Daniel seinen Vater.

j Daniel backt sonntags immer einen Kuchen.

7 | Alltag in der Stadt

Abschnitte A & B

Übungen

1 Wie heißen die Geschäfte?

Ergänzen Sie.

a Die B *u* ch *h* andlung:
Hier bekommt man Bücher, Kalender etc.

b Der G_tr_nke_arkt:
Hier kann man vor allem Bier, Wein,
Limonade, Cola etc. kaufen.

c Die Fl _ _scherei oder Metzger_ _:
Hier bekommt man Fleisch, Würstchen etc.

d Die B _ _k:
Hier kann man zum Beispiel Geld wechseln.

e Die _ p_th_ke:
Hier bekommt man Aspirin und andere
Medikamente.

f Die B _ c _e _ei:
Hier holt man Brot, Brötchen und Kuchen.

g Der E_ _ktr_laden:
Hier bekommt man Handys, Tablets, PCs etc.

h Das K _ _ fhau _:
Hier kann man fast alles kaufen.

i Die _ro_erie:
Hier bekommt man Shampoo, Zahnpasta etc.

j Das Sp_ r_ge_ _ _ _ ft:
Hier bekommt man Trainingsshirts, Fußbälle,
Tennisschläger, Skier etc.

2 In der Buchhandlung

Ergänzen Sie.

> Wiedersehen – Deutsch – Euro – bezahlen –
> habe – Beispiel – hat – kostet – nehme – ist
> – Reiseführer – helfen – Wochenende

Verkäufer	Guten Tag. Kann ich Ihnen **1**_____?
Kunde	Ja, ich fahre am **2**_____ nach Paris und suche einen guten **3**_____.
Verkäufer	Auf Deutsch oder auf Französisch?
Kunde	Auf **4**_____.
Verkäufer	Ja, da haben wir hier zum **5**_____ einen Reiseführer von Baedeker.
Kunde	Mmh, der **6**_____ nicht so viele Fotos.
Verkäufer	Oh, dann **7**_____ ich hier noch einen Reiseführer von Merian.
Kunde	Und was **8**_____ er?
Verkäufer	12 **9**_____ 50.
Kunde	Gut, dann **10**_____ ich den Merian-Reiseführer. Wo kann ich **11**_____?
Verkäufer	Da vorne **12**_____ die Kasse.
Kunde	Auf **13**_____.

Grammatik

Dativ (1) – mit Präpositionen

Dativ nach *in* und *auf*, wenn man sagt:

Man bekommt das / Man kauft das ... / Er ist ...

(m)	(f)	(nt)
im Supermarkt	*in* **der** Bäckerei	**im** Kaufhaus
im Getränkeladen	*in* **der** Apotheke	**im** Sportgeschäft
(*im = in dem*)		(*im = in dem*)

Vorsicht!

Man bekommt das ... / Man kauft das ... / Er ist ...

auf **dem** Markt   *auf* **der** Bank

Plural

Man kann gut *in* **den** Kaufhäuser**n** einkaufen.

Beantwortet die Frage: Wo?

Wo kann man das kaufen? → *Im Supermarkt.*
Wo ist er? → *Auf der Bank.*

1 Wo sind die Leute?

Lesen Sie, was die Personen sagen und entscheiden Sie, wo sie sind.

a „Ich möchte Joggingschuhe, Größe 43."
   i Im Sportgeschäft; **ii** In der Apotheke.

b „Wie teuer ist denn der neue 4K-Fernseher von Sony?"
   i In der Buchhandlung; **ii** Im Elektroladen.

c „Dann nehme ich noch 1 Kilo Kartoffeln."
   i Auf dem Markt; **ii** Im Café.

d „Haben Sie das neue Parfüm von Chanel?"
   i In der Fleischerei; **ii** In der Drogerie.

e „Wo kann ich Pullover für Kinder finden?"
   i Im Kaufhaus; **ii** Im Elektroladen.

f „Oh, ich möchte gern eine Packung Aspirin."
   i In der Apotheke; **ii** Im Getränkemarkt.

g „Und dann möchte ich noch 10 Brötchen."
   i In der Fleischerei; **ii** In der Bäckerei.

2 Wo bekommt man das?

Beantworten Sie die Fragen.

a Wo kann ich Medikamente kaufen?
   In der Apotheke.

b Wo bekommt man T-Shirts?
   _____

c Wo kann ich Geld wechseln?
   _____

d Wo kann ich einen Regenschirm bekommen?
   _____

e Wo kann ich Würstchen kaufen?
   _____

f Wo kann ich eine Flasche Rotwein bekommen?
   _____

g Wo kann ich Obst kaufen?
   _____

h Wo kann ich einen Cappuccino trinken?
   _____

Mehr Vokabeln

Geschäfte	
Das Fotogeschäft:	Hier bekommt man Kameras, Objektive, Fotobücher etc.
Das Schuhgeschäft:	Hier kauft man Schuhe.
Das Fahrradgeschäft:	Hier bekommt man Fahrräder.
Die Weinhandlung:	Hier kann man guten Wein kaufen.
Der Bioladen:	Hier kann man ökologische Produkte kaufen, zum Beispiel ökologisches Gemüse.
Das Blumengeschäft:	Hier kann man zum Beispiel Rosen und Tulpen kaufen.

Abschnitt C

Übungen

1 Tagesablauf

Was fehlt hier? Ergänzen Sie, bitte.

Feierabend – gern – E-Mails – Konzert – Dusche – wach – Büro – Salat – früh – stressig – auf – Brötchen – Honig – klassische Musik – Glas Tee – Kunden

a Mein Tagesablauf beginnt _____.

b Ich stehe um 7 Uhr _____.

c Ich brauche immer eine kalte
_____.

d Dann werde ich _____.

e Normalerweise esse ich ein
_____ mit _____.

f Ich trinke immer ein _____.

g Ich bin so gegen 9 Uhr im _____.

h Dann schreibe und beantworte ich
_____.

i Außerdem spreche ich viel mit
_____.

j Mittags esse ich meistens einen
_____.

k Meistens habe ich so gegen 6 Uhr
_____.

l Mein Beruf ist interessant, aber manchmal auch _____.

m Abends koche ich _____.

n Manchmal gehe ich auch mit meinem Mann ins _____.

o Wir lieben _____.

2 Marcels Tagesablauf

Lesen Sie und beantworten Sie dann die Fragen.

> *8.30 Uhr Ich stehe auf, dusche und frühstücke. Morgens esse ich nicht viel. Meistens esse ich nur ein Brot mit Marmelade zum Frühstück und trinke einen Kaffee. Dann fahre ich mit dem Fahrrad zur Universität.*
>
> *10.00 Uhr Meine Seminare und Vorlesungen fangen meistens um 10 Uhr an. Ich habe jeden Tag Seminare und Vorlesungen, denn ich bin in meinem letzten Jahr. Ich finde mein Studium sehr interessant, manchmal ist es aber auch anstrengend.*
>
> *13.00 Uhr Ich gehe in die Mensa. Ich esse jeden Tag in der Mensa. Das Essen ist sehr gut und auch billig. Hier treffe ich andere Studenten. Ich checke auch meine Mails und sozialen Netzwerke.*
>
> *14.00 Uhr Ich bin wieder in einem Seminar oder in einer Vorlesung. In den Seminaren sind wir meistens 20 bis 30 Studenten. In den Vorlesungen gibt es oft mehr als 100 Studenten.*

16.30 Uhr Ich sitze meistens in der Bibliothek und lerne. Ich muss mich auf mein Examen vorbereiten. Ich studiere Jura und da muss man viel lernen.

20.00 Uhr Ich bin wieder zu Hause und koche etwas. Normalerweise lerne ich und dann poste ich noch ein paar Nachrichten oder Videos. Manchmal treffe ich noch Freunde und wir gehen aus. Im Moment habe ich aber nicht so viel Zeit, denn am Wochenende arbeite ich außerdem in einem Restaurant.

a Was macht Marcel vor dem Frühstück?
b Was isst Marcel zum Frühstück?
c Wann fangen seine Seminare an?
d Wie findet er sein Studium?
e Wo isst er zu Mittag?
f Was macht er um 14.00 Uhr?
g Wo ist er um 16.30 Uhr?
h Arbeitet er auch?

Grammatik

Akkusativ oder Dativ nach *in / auf*

1 Akkusativ nach:
Ich gehe ... / Kommst du mit ...

(m)	(f)	(nt)
in den Park	in die Stadt	ins Büro
in den Supermarkt	in die Bibliothek	ins Café
	in die Kneipe	ins Kino
in den Garten	auf die Post	ins
auf den Markt		Restaurant

Beantwortet die Frage: *Wohin?*

2 Dativ nach:
Ich bin / arbeite / studiere / esse / trinke / kaufe etwas etc.

(m)	(f)	(nt)
im Park	in der Stadt	im Büro
im Supermarkt	in der Bibliothek	im Café
im Garten	in der Kneipe	im Kino
auf dem Markt	auf der Post	im Restaurant

Beantwortet die Frage: *Wo?*

I Welche Frage (A) passt zu welcher Antwort (B)?

A
1 Wo arbeitet Carla?
2 Wohin geht Herr Ihßen gern?
3 Was wollen Gaby and Peter am Wochenende machen?
4 Wo ist Steffi?
5 Wohin geht Tim?
6 Wo kauft Anni meistens ein?
7 Wo ist Marcel?

B
a Sie wollen ins Kino gehen.
b Er ist in der Bibliothek.
c Sie kauft im Supermarkt ein.
d Er geht gern ins Fitnesscenter.
e Sie arbeitet im Café *Bio-Keks*.
f Er geht ins Büro.
g Sie ist im Büro.

2 Akkusativ oder Dativ?

Sind die unterstrichenen Wörter im Akkusativ oder Dativ?

a

i   Gehen wir heute <u>ins Kino</u>? (*Akkusativ*)

ii   Es gibt einen neuen französischen Film <u>im Kino</u>. (*Dativ*)

b

i   Er trifft abends Freunde <u>in der Stadt</u>. (_____)

ii   Er geht am Abend <u>in die Stadt</u>. (_____)

c

i   Sie arbeitet jeden Tag <u>im Büro</u>. (_____)

ii   Wann gehst du <u>ins Büro</u>? (_____)

d

i   Annett kauft meistens <u>im Bioladen</u> ein. (_____)

ii   Ich gehe noch schnell <u>in den Bioladen</u> und hole Milch. (_____)

e

i   Kommst du mit <u>in die Disco</u>? (_____)

ii   Ja, <u>in der Disco</u> kann man super tanzen. (_____)

f

i   Claudio sitzt jeden Tag <u>in der Bibliothek</u>. (_____)

ii   Er geht jeden Tag <u>in die Bibliothek</u>. (_____)

g

i   Kommst du mit <u>in den Park</u>? (_____)

ii   Ja, <u>im Park</u> kann ich gut joggen. (_____)

3 Wie heißt es richtig?

Ergänzen Sie.

> in die – in die – ins – ins – ins – ins – ins – im
> im – im – im – in den – in den – in der

Sabrina steht um 8 Uhr auf und geht dann
1_____ Büro. Um kurz nach neun ist sie
2_____ Büro und beantwortet ihre E-Mails.
Mittags geht sie oft **3**_____ Park und isst
ein Baguette. Nach Feierabend geht Sabrina gern
4_____ Café, trinkt einen Cappuccino und
liest Zeitung.

Meistens kauft sie **5**_____ Bioladen ein. Sie
geht nicht gern **6**_____ Supermarkt.
Abends geht sie gern mit Freunden **7**_____
Kino oder **8**_____ Kneipe.
Sabrina isst auch gern **9**_____ Restaurant,
aber das ist oft zu teuer.

Am Samstagmorgen geht sie meistens
10_____ Fitnesscenter. Am Abend geht
sie manchmal **11**_____ Disco. Sie liebt
Salsa und manchmal tanzt sie bis um vier Uhr
12_____ Disco. Dann geht sie sehr spät
13_____ Bett. Am Sonntag bleibt sie dann
sehr lange **14**_____ Bett.

Mehr Vokabeln

> **Tagesablauf**
>
> Wo arbeiten die Leute? Und was machen sie?
>
> | *Ich arbeite ...* | *Ich ...* |
> | --- | --- |
> | in einer Bank. | berate Kunden. |
> | in einer PR-Agentur. | schreibe Texte. |
> | in einer Fabrik. | stelle Fernseher etc. her. |
> | in einer Autowerkstatt. | repariere Autos. |
> | in einer Schule. | unterrichte Kinder. |
> | im Kaufhaus. | verkaufe Kleidung, Parfüm etc. |
> | im Krankenhaus. | helfe Patienten. |
> | im Restaurant. | bediene Kunden. |

Abschnitt D

Übungen

1 Was ist das?

Ordnen Sie zu.

> das Auto – die U-Bahn – das Motorrad –
> das Fahrrad – das Flugzeug – der Bus –
> die Straßenbahn – der Zug

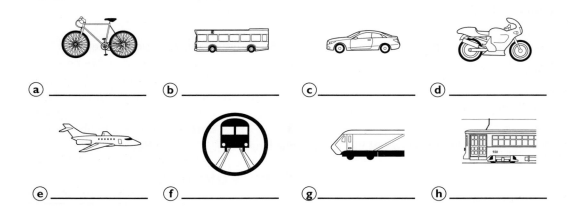

(a) _____   **(b)** _____   **(c)** _____   **(d)** _____

(e) _____   **(f)** _____   **(g)** _____   **(h)** _____

2 Was passt am besten?

Verbinden Sie Satz A mit Satz B.

A
1 Die Schule ist nicht weit.
2 Sie fährt mit dem Fahrrad.
3 Ich fahre mit dem Bus.
4 Ich fahre mit dem Auto.
5 Ich habe eine Monatskarte.
6 Sie fährt mit dem Zug.
7 Er fliegt zweimal die Woche nach Paris.
8 Sie fährt meistens mit der U-Bahn.

B
a Die Fahrt kostet dann weniger.
b Von der Haltestelle bis zum Büro ist es nicht weit.
c Die Station ist direkt neben der Uni.
d Er kann zu Fuß gehen.
e Er kann im Flugzeug arbeiten.
f Das ist gut für die Umwelt.
g Sie wohnt in der Nähe vom Bahnhof.
h Die Fahrt mit dem Bus dauert zu lange.

3 Puzzle – Thema: Verkehr

Wie viele Wörter finden Sie? Wir haben 24 Wörter gefunden. Vielleicht finden Sie noch mehr.

M	F	A	H	R	S	C	H	E	I	N
O	L	U	M	S	T	E	I	G	E	N
N	U	M	W	E	L	T	E	U	E	R
A	G	V	A	F	A	H	R	R	A	D
T	E	E	B	U	S	M	O	F	A	U
S	T	R	A	ß	E	N	B	A	H	N
K	A	K	A	W	E	I	T	H	Z	I
A	X	E	U	D	A	U	E	R	N	M
R	I	H	T	I	C	K	E	T	O	Z
T	I	R	O	P	A	R	K	E	N	U
E	V	E	R	B	I	N	D	U	N	G

Grammatik

Dativ (2) – mit Präpositionen

Dativ-Endungen immer nach *mit, von, zu*:

1 Ich fahre *mit dem* Bus. (m)
　　　mit der U-Bahn. (f)
　　　mit dem Auto. (nt)

2 Er fährt *zum* Bahnhof. (*zu dem = zum*) (m)
　　　zur Universität. (*zu der = zur*) (f)
　　　zum Stadion. (*zu dem = zum*) (nt)

3 Ich fahre *vom* Bahnhof *zum* Stadion. (*von dem = vom*) (m)
　　　von der Universität nach Hause. (f)
　　　vom Stadion *zur* Universität. (*von dem = vom*) (nt)

Achtung! Endungen im Dativ:
der → *dem, einem*
die → *der, einer*
das → *dem, einem*
Plural → *den*

Mehr über Pluralformen und den Dativ in Lektion 9, Seite 83.

I Wie heißt es richtig?

Ergänzen Sie.

Tipp: Sehen Sie Übung I, Seite 66, für das Geschlecht der Nomen.

a Er fährt gern mit *dem* Bus.
b Maria fährt jeden Tag mit _____ Fahrrad.
c Fährst du mit _____ U-Bahn?
d Ich fahre mit _____ Zug nach Berlin.
e Er fliegt oft mit _____ Flugzeug.
f Mit _____ Auto dauert die Fahrt nur 20 Minuten.
g Mit _____ neuen Motorrad kann er sehr schnell fahren.
h Sie fährt meistens mit _____ Straßenbahn zur Arbeit.

2 Wohin fahren die Buslinien?

Schreiben Sie und sprechen Sie dann.

Tipp: Bahnhof (m), Flughafen (m), Stadtpark (m), Michaelis-Kirche (f), Universität (f), Schule (f), Museum (nt), Hotel (nt), Stadion (nt).

Beispiel
Linie 3: Bahnhof – Flughafen. →
Die Linie 3 fährt vom Bahnhof zum Flughafen.

a Linie 12: Universität – Bahnhof.

_____

b Linie 18: Michaelis-Kirche – Stadtpark.

____

c Linie 6: Stadtpark – Museum.

____

d Linie 112: Hotel Interconti – Stadion.

____

e Linie 24: Bismarck-Schule – Universität.

____

f Linie 12: Flughafen – Stadtpark.

____

g Linie 7: Museum – Michaelis-Kirche.

____

h Linie 3: Universität – Flughafen.

____

3 Wie fahren die Leute zur Uni und zur Arbeit?

Ergänzen Sie.

> zum – zum – mit dem – mit dem – mit dem – zur – zur – zur – mit der – mit der – Von der – von der

a Ich arbeite im Museum und fahre meistens **1**_____ _____ Auto **2**_____ Museum. Ich kann da gut parken. Ich fahre etwa 20 Minuten.

b Ich fahre meistens **3**_____ _____ U-Bahn **4**_____ Arbeit. Ich muss einmal umsteigen. Die Fahrt dauert etwa 30 Minuten. **5**_____ _____ U-Bahnstation bis **6**_____ Büro brauche ich nur 10 Minuten. Ich habe eine Monatskarte. Sie kostet € 70.

c Ich kann zu Fuß **7**_____ Arbeit gehen. Das ist natürlich fantastisch. Ich brauche nur 15 Minuten. Ich habe auch ein Motorrad – eine alte Honda. Am Wochenende fahre ich sehr gern **8**_____ _____ Motorrad zu meinen Eltern.

d Ich fahre fast jeden Tag **9**_____ _____ Fahrrad **10**_____ Universität. Im Winter fahre ich manchmal **11**_____ _____ Straßenbahn. Ich brauche ungefähr 20 Minuten **12**_____ _____ Uni bis nach Hause.

4 Und jetzt Sie!

Wie fahren Sie zur Arbeit oder zur Universität? Wie lange dauert die Fahrt? Müssen Sie umsteigen? Wie finden Sie die Fahrt? Schreiben Sie ein paar Sätze wie in Übung 3.

____

____

____

____

____

____

Mehr Vokabeln

Verkehrsmittel

der Wagen (-) / das Auto (-s)
das Elektroauto (-s)
der Geländewagen (-) / der oder das SUV (-s)
das Taxi (-s) / (Taxen)
das Schiff (-e)
das Boot (-e)
das U-Boot (-e)

der Helikopter (-) / der Hubschrauber (-)

die Rakete (-n)

Und zum Schluss

1 Lesen

Lesen Sie den Text und beantworten Sie die Fragen.

Airport Nürnberg

EINFACH ABHEBEN.

Anreise
Mit U-Bahn oder Bus zum oder vom Airport Nürnberg

Die U-Bahn-Linie U2 verbindet den Hauptbahnhof Nürnberg direkt mit dem Flughafen und so mit der gesamten Nürnberger Innenstadt.

Die Fahrtzeit vom Hauptbahnhof zum Flughafen beträgt 12 Min.

Nur 25 Minuten dauert die Fahrt zum Messegelände: Steigen Sie bitte am Hauptbahnhof von der U2 in die U1 Richtung Langwasser um!

Darüber hinaus ist der Airport auch über das **Busnetz** der Stadt Nürnberg gut zu erreichen. Mit der **Buslinie 30** sowie der **Buslinie 33** gelangen Sie alle 10 Minuten zum Flughafen.

Nehmen Sie doch ein Taxi

Rund um die Uhr stehen am Flughafen Nürnberg Taxen für Sie bereit.

Fahrtkosten
Airport – Nürnberg City: (15–20 Min.) ca. €19,50
Airport – Nürnberg Hauptbahnhof: (15–20 Min.) ca. €19,50

Deutsche Bahn

Sie möchten ganz entspannt anreisen ohne Stress und Stau? Dann fahren Sie mit der Bahn!

Vom Hauptbahnhof erreichen Sie den Flughafen schnell und bequem ohne Umsteigen mit der U-Bahn-Linie U2 in nur 12 Minuten.

Sleep & Fly

Wenn Sie eine längere Anreise haben, dann nutzen Sie unser Park, Sleep and Fly Angebot

Und so funktioniert's:

Sie parken Ihr Auto am Airport Nürnberg und checken das Gepäck schon am Vorabend ein. Dabei erhalten Sie gleich Ihre Bordkarte. Die Nacht verbringen Sie ganz entspannt in einem namhaften Nürnberger Hotel.

Source: http://www.airport-nuernberg.de

Richtig oder falsch? Korrigieren Sie die falschen Aussagen.

a Vom Nürnberger Stadtzentrum kann man mit der U-Bahn-Linie 2 zum Flughafen fahren.

b Die Fahrt mit der U-Bahn vom Hauptbahnhof zum Flughafen dauert nur 25 Minuten.

c Man kann auch mit dem Bus von Nürnberg zum Flughafen fahren.

d Busse fahren alle 15 Minuten zum Flughafen.

e Vom Hauptbahnhof bis zum Flughafen bezahlt man circa 18 Euro für eine Taxifahrt.

f Man kann am Abend vor dem Flug mit dem Auto zum Flughafen fahren und dort in einem Hotel übernachten.

g Man kann auch am Abend vor dem Flug einchecken und die Bordkarte bekommen.

Vokabeln	
die Messe	*trade show, fair*
entspannt	*relaxed*

2 Sprechen

Ein Interview. Was sagen Sie?

a Wann stehen Sie normalerweise auf?

b Was essen und trinken Sie meistens zum Frühstück?

c Wann verlassen Sie das Haus?

d Wie fahren Sie zur Arbeit / zur Universität?

e Wie lange dauert die Fahrt?

f Müssen Sie umsteigen?

g Wie sind die Verkehrsverbindungen in Ihrer Stadt?

h Kommt man gut von A nach B?

i Wie ist Ihre Stadt für Fahrradfahrer?

j Und wie ist es für Autofahrer?

k Wann fängt Ihre Arbeit / Ihr Studium an?

l Was machen Sie meistens am Vormittag?

m Wo essen Sie meistens zu Mittag und was essen Sie?

n Was machen Sie am Nachmittag?

o Wann haben Sie Feierabend? / Wann ist Ihre Uni zu Ende?

p Wohin gehen Sie dann? Was machen Sie?

q Kaufen Sie in der Woche oder meistens am Wochenende ein?

r Wo kaufen Sie meistens ein?

s Gehen Sie gern shoppen?

t Was kaufen Sie gern? Was kaufen Sie nicht gern?

u Was machen Sie normalerweise am Wochenende?

v Wohin gehen Sie gern?

8 | Was haben Sie gemacht?

Abschnitt A

Übungen

1 Was hat Nico gestern gemacht?

Ergänzen Sie.

> ~~geduscht~~ – gespielt – gelernt – gefrühstückt
> – telefoniert – gearbeitet – gekocht –
> gekauft

a Um 7.30 Uhr hat Nico *geduscht.*

b Danach hat er schnell _____.

c Von 8 Uhr bis 17 Uhr hat er _____.

d Um 17.30 Uhr hat er Brot, Gemüse und Salami _____.

e Danach hat er mit Freunden Basketball _____.

f Am Abend hat er Reis mit Gemüse _____.

g Dann hat er mit seinen Eltern _____.

h Anschließend hat er für sein Examen _____.

2 Verbformen

Ergänzen Sie.

Infinitiv	Partizip II (Past participle)
a duschen	*geduscht*
b _____	*gefrühstückt*
c arbeiten	_____
d kaufen	_____
e _____	*gespielt*
f kochen	_____

g _____ *telefoniert*

h _____ *gelernt*

3 Wo haben die Leute das gemacht?

Ticken Sie.

	Fußball gespielt	eingekauft	gearbeitet	ein Konzert gehört
im Park	✓			
auf dem Markt				
im Kranken-haus				
im Garten				
zu Hause				

Grammatik

> **Perfekt – Regelmäßige Verben**
>
> **Bildung:** *haben* + Partizip II (*ge* + *Verbstamm* + *t*):
> Ich habe ge*spiel*t.
> Sie hat einen neuen Computer ge*kauf*t.
>
> **Achtung!**
> 1 Kein *ge* für: *bezahlen → bezahlt*
>   *verdienen → verdient*
>   *fotografieren → fotografiert*
> 2 Trennbare Verben:
>   *einkaufen → eingekauft*
> 3 Verbstamm endet mit *t* oder *d*: *gearbeitet, geredet*

I Mehr regelmäßige Verben

Bilden Sie das Partizip II (*past participle*).
Sie können alle Verben in den Vokabel-
Checklisten in *Willkommen!* (Lektionen I–8)
finden.

Beispiel
arbeiten → gearbeitet

regelmäßig	kein ge / trennbar
arbeiten → _____	besorgen → _____
brauchen → _____	bestellen → _____
checken → _____	besuchen → _____
dauern → _____	erledigen → _____
duschen → _____	verdienen → _____
haben → _____	
hassen → _____	
kaufen → _____	aktualisieren → _____
kosten → _____	buchstabieren → _____
leben → _____	fotografieren → _____
lernen → _____	studieren → _____
lieben → _____	telefonieren → _____
machen → _____	
posten → _____	
reden → _____	abholen → _____
sagen → _____	einkaufen → _____
schmecken → _____	
suchen → _____	vorbereiten → _____
tanzen → _____	
wohnen → _____	

Wissen Sie noch, was die Wörter bedeuten? Sie
sind alle im Glossar, Seiten 144–154.

2 Wie heißt es richtig?

Ergänzen Sie.

a Die Fahrt hat 2 Stunden *gedauert*. (dauern)

b Er hat zwei Jahre in Afrika _____.
(leben)

c Was haben Sie gestern _____?
(machen)

d Hat Marion wieder so viel _____?
(reden)

e Was hast du _____? (sagen)

f Die Pizza hat gut _____. (schmecken)

g Hast du einen Nachtisch _____?
(bestellen)

h Aishe hat Geographie _____.
(studieren)

i Am Wochenende hat er seine Freundin
_____. (besuchen)

j Du hast aber viel _____. (einkaufen)

k Hast du schon das Paket _____?
(abholen)

3 Was haben Sie gemacht?

Antworten Sie.

a Wann haben Sie heute gefrühstückt? → (um
8 Uhr)
Ich habe heute um 8 Uhr gefrühstückt.

b Wann haben Sie gearbeitet? → (von 9 bis
17.00 Uhr)
Ich habe

_____

c Wann haben Sie Mittagspause gehabt? → (um
13 Uhr)
Ich

_____

d Haben Sie etwas gekauft? → (ein Paar
Joggingschuhe)
Ja, ich

_____

e Haben Sie telefoniert? → (mit meiner
Schwester)
Ja, ich

_____

f Haben Sie etwas gekocht? → (Hähnchen mit
Reis)
Ja, ich

_____

g Was haben Sie am Abend gemacht? →
(Freunde besuchen und dann einige
Nachrichten posten)
Am Abend habe

_____

Mehr Vokabeln

Verben im Perfekt – Internet

Ich habe ...   eine Nachricht/ein Video
gepostet.
meine Facebook-Seite
aktualisiert.
meine Mails gecheckt.
eine SMS geschickt.
gesimst.
im Internet gesurft.

Abschnitt B

Übungen

1 Was kann man alles auf dem Flohmarkt kaufen?

H	E	U	N	T	E	R	H	E	M	D	T
T	A	S	S	E	M	A	N	T	E	L	A
C	D	B	I	L	D	V	D	U	P	O	W
S	O	N	N	E	N	B	R	I	L	L	E
F	O	T	O	F	I	U	H	R	A	A	C
R	A	D	I	O	T	C	H	U	T	M	K
I	K	Ä	N	N	C	H	E	N	T	P	E
B	A	N	Z	U	G	F	A	H	E	E	R

i
Finden Sie die Wörter im Puzzle. Wir haben 20 Wörter gefunden. Vielleicht finden Sie noch mehr?

ii
Heißt es *der, die* oder *das*? Finden Sie den richtigen Artikel. Zum Beispiel: das Radio; das Telefon.

2 Was passt am besten?

Verbinden Sie Satz A mit Satz B.

A

1 Er kann schlecht aufstehen.
2 Er mag Musik aus den 90er-Jahren.
3 Er friert oft im Winter.
4 Er trinkt gern Wein.
5 Sie liest gern englische Krimis.
6 Ihr Handy ist kaputt.
7 Sie fährt nach Paris.
8 Sie findet chinesische Medizin interessant.

B

a Sie sucht einen guten Reiseführer.
b Sie sucht einen Roman von Agatha Christie.
c Er braucht einen lauten Wecker.
d Er sucht alte CDs.
e Er braucht eine warme Jacke.
f Sie sucht ein gutes Buch über Akupunktur.
g Er sucht schöne Weingläser.
h Sie sucht ein anderes Smartphone.

Grammatik

> ## Adjektive – Endungen (I): Akkusativ
>
> **I   Adjektive *nach* einem Nomen haben keine Endung:**
> Die Arbeit ist *interessant*.
> Der Computer ist *neu*.
>
> **2   Adjektive *vor* einem Nomen haben Endungen:**
>
> Zum Beispiel: *Akkusativ* mit *einen, eine, ein* →
>
> Petra hat einen *neu**en*** Computer. *(m)*
> Er hat eine *interessant**e*** Arbeit. *(f)*
> Sie trinkt ein *kalt**es*** Getränk. *(nt)*
> Sie haben *nett**e*** Eltern. *(pl)*

I   Wie heißt das Gegenteil?

a   klein – gr _ _
b   alt – _ eu
c   interessant – lang _ _ _ _ _ _
d   schwer – l _ _ cht
e   arm – re _ _ h
f   gut – _ _ _lecht
g   billig – t _ _ _ _
h   schnell – langs _ _
i   kalt – w _ _ _
j   früh – sp _ t
k   hässlich – schö _
l   leise – l _ _ t
m   modisch – _ _ _ modisch

2   Adjektivendungen

Ergänzen Sie.

a   Die Arbeit von Frau Mehrlitz ist interessant.
Sie hat eine interessant__ Arbeit.
b   Der Anzug von Peter ist sehr modisch.
Er hat einen sehr modisch__ Anzug.

c   Der Partner von Sabine ist langweilig.
Sabine hat einen langweilig__ Partner.
d   Der Laptop von Carsten ist neu.
Er hat einen neu__ Laptop.
e   Das Wochenende von Gabriella war schön.
Sie hat ein schön__ Wochenende gehabt.
f   Das Handy von Ulrich war billig.
Er hat ein billig__ Handy gekauft.
g   Die Ferien waren gut.
Sie haben gut__ Ferien gehabt.
h   Die Joggingschuhe von Caroline sind modisch.
Sie hat modisch__ Joggingschuhe.

Mehr Vokabeln

> ### Sachen auf dem Flohmarkt
>
> die Vase (-n)
> die Lederjacke (-n)
> das Comicheft (-e)
> die 70er-Jahre-Lampe (-n)
> das Radio (-s)

Abschnitt C

Übungen

I   Der Text von Peter Wichtigs Single *Ich kann dich nicht vergessen* – was fehlt?

Ergänzen Sie und hören Sie dann den Song auf der *Willkommen*-CD (CD2 Track 12).

> verrückt – du – Hund – gesund – Essen – zurück – weine

Ich kann dich nicht vergessen,
was immer ich auch tu'.
Beim Schlafen und beim **1**_____
ich frag' mich, wo bist **2**_____?

Ich kann dich nicht vergessen,
besonders nach dem zweiten Bier.
Ich kann dich nicht vergessen,
oh komm zurück zu mir.

Ich fühl' mich so alleine,
ich fühl' mich nicht **3**_____.
Oh Baby und ich **4**_____,
wie ein armer **5**_____.

Ich kann dich nicht vergessen,
das macht mich noch **6**_____.
Ich kann dich nicht vergessen,
oh Baby, komm **7**_____.

Neue Vokabeln	
verrückt	*crazy*
gesund	*healthy, well*
weinen	*to cry*
zurück	*back*

2 Was passt zusammen?

A		B	
1	einen Tee / Sekt	**a**	aufgestanden
2	eine Zeitung / ein Buch	**b**	gewesen
3	einen Freund / eine Freundin	**c**	getrunken
4	im Büro / zu Hause	**d**	gegangen
5	um acht Uhr / spät	**e**	gesehen
6	aus dem Haus / in eine Kneipe	**f**	geflogen
7	mit der U-Bahn / zur Arbeit	**g**	gelesen
8	mit dem Flugzeug	**h**	spazieren gegangen
9	einen Film / ein Fußballspiel	**i**	gefahren
10	im Park	**j**	getroffen

Grammatik

Perfekt – Unregelmäßige Verben

Bildung:

1 *haben* + Partizip II:
   Ich habe ein Buch gelesen.
   Ich habe Kaffee getrunken.
2 *sein* + Partizip II:
   Ich bin nach München gefahren.
   Ich bin mit Eurowings geflogen.

Achtung! Partizip II (unregelmäßige Verben):

1 Fast alle Partizipien enden mit *en*: gelesen, gefahren etc.
2 Oft gibt es diese Vokalwechsel:

i → u	trinken → getrunken
ie → o	fliegen → geflogen
ei → ie	bleiben → geblieben
e → o	treffen → getroffen

I Monika arbeitet in einer PR-Firma. Was hat sie gestern gemacht?

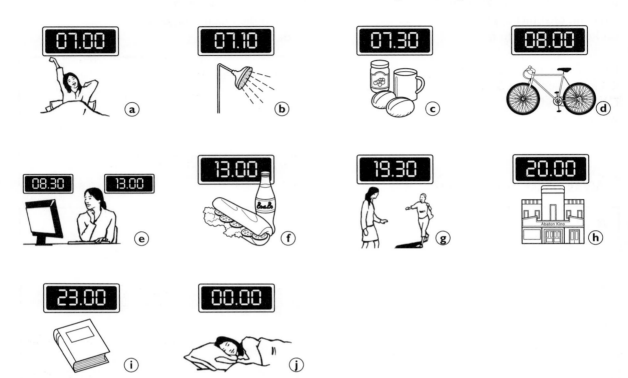

aufstehen – eine Freundin treffen – zu Mittag essen – ins Kino gehen – am Computer arbeiten – frühstücken – ein Buch lesen – duschen – ins Bett gehen – mit dem Fahrrad zur Arbeit fahren

a Um 7 Uhr *ist Monika aufgestanden.*

b Danach hat sie _____

_____

c Um halb acht hat _____

_____

d Dann _____

_____

e Von halb neun bis ein Uhr _____

_____

f Um ein Uhr _____

_____

g Um halb acht Uhr _____

_____

h Sie ist mit ihrer Freundin _____

_____

i Um 23.00 Uhr _____

_____

j Um Mitternacht _____

_____

2 Wichtige unregelmäßige Verben

Wie heißen die *Infinitiv-Formen* und die *Partizip-Formen*? Ergänzen Sie die Liste.

haben	sein
essen → gegessen	fahren → _____
_____ → gefunden	fliegen → _____
geben → _____	gehen → _____
heißen → _____	kommen → _____
lesen → _____	laufen → _____
sehen → _____	schwimmen → _____
schlafen → _____	bleiben → _____
schreiben → _____	sein → _____
singen → _____	aufstehen → _____
_____ → gesprochen	mitkommen → mitgekommen
treffen → _____	spazieren gehen → _____
trinken → _____	
bekommen → _____	
vergessen → vergessen	
_____ → verstanden	
anfangen → angefangen	
anrufen → _____	
fernsehen → _____	

3 Üben Sie Sätze im Perfekt

Ergänzen Sie.

a *Hast* du gestern das Fußballspiel *gesehen*? (sehen)

b Tina _____ heute sehr früh _____. (aufstehen)

c Robert _____ noch ein paar E-Mails _____. (schreiben)

d Wir _____ auf der Party Sekt _____. (trinken)

e Wir _____ in einem 3-Sterne-Restaurant. _____. (essen)

f Matthias _____ spät nach Hause _____. (kommen)

g Am Wochenende _____ ich ins Kino _____. (gehen)

h Nadine _____ heute 5 km _____. (laufen)

i Er _____ noch nie in Deutschland _____. (sein)

j Ich _____ gestern einen interessanten Artikel _____. (lesen)

k Oh, das _____ ich _____. (vergessen)

4 Und was haben Sie gestern gemacht?

Schreiben Sie und sprechen Sie dann.

Beispiel
Sie sind heute um sieben Uhr aufgestanden. →

Wenn das richtig ist, schreiben Sie:
Ja, heute bin ich um sieben Uhr aufgestanden.

Wenn das nicht richtig ist, schreiben Sie, was Sie gemacht haben:
Nein, heute bin ich erst um halb neun aufgestanden.

a Sie sind heute um sieben Uhr aufgestanden.

b Zum Frühstück haben Sie Toast gegessen.

c Sie haben eine Tasse Kaffee dazu getrunken.

d Sie sind um acht Uhr zwanzig aus dem Haus gegangen.

e Sie sind mit dem Bus zur Arbeit / ins College / zur Uni gefahren.

f Sie haben von neun bis halb eins gearbeitet.

g Sie haben um Viertel vor eins zu Mittag gegessen.

h Sie sind um fünf Uhr wieder nach Hause gegangen.

i Sie sind abends zu Hause geblieben.

j Sie haben zwei Stunden ferngesehen.

Abschnitt D

Übungen

1 Wann war das?

Finden Sie das richtige Jahr.

Neue Vokabeln

erfunden   *invented*
entdeckt   *discovered*
fahrerlos   *driverless*

1928 – 2010 – 2017 – 1973 – ~~1876~~ – Vor
ungefähr 6000 Jahren – 1969 – 1886 – 1989

---

a _____ haben die Ägypter das Papier
erfunden.

b *1876* hat Alexander Graham Bell das erste
Telefon erfunden.

c _____ hat Sir Tim Berners-Lee die Idee für
das „World Wide Web" gehabt.

d _____ hat Carl Benz das erste Auto
präsentiert.

e _____ hat Apple das erste iPad auf den
Markt gebracht.

f _____ ist der erste Mensch auf dem Mond
gelandet.

g _____ hat Alexander Fleming das Penizillin
entdeckt.

h _____ hat es das erste Handy gegeben.

i _____ hat man das erste fahrerlose Auto auf
den Straßen getestet.

Tipp: Man sagt:

1835 → achtzehnhundertfünfunddreißig
1969 → neunzehnhundertneunundsechzig
2001 → zweitausendundeins

---

2 Früher und heute

Schreiben Sie, wie es früher war und wie es
heute ist.

Beispiel
Heute haben viele Leute ein Auto. →
Früher haben nur wenige Leute ein Auto gehabt.

a Heute fliegen viele Leute mit dem Flugzeug.
Früher sind nur wenige Leute

_____

b Heute arbeiten viele Leute am Computer.
Früher haben nur wenige

_____

c Heute telefonieren viele Leute mit einem
Handy.
Früher _____

d Heute machen viele Leute ihren Urlaub im
Ausland.
Früher _____

e Heute schreiben viele Leute E-Mails und
posten Fotos und Videos.
Früher _____

f Heute gehen viele Leute ins Fitnesscenter.
Früher _____

g Heute sprechen viele Leute zwei oder mehr
Sprachen.
Früher _____

Können Sie andere Beispiele finden?

Grammatik

Perfekt – Wortstellung (*word order*)

1 Ein Hauptsatz (one main clause)
Haben/sein ist in Position 2 – das *Partizip II* ist am Ende:

(1)	(2)		(Ende)
Ich	*habe*	ein Buch	*gekauft.*
Dann	*bin*	ich ins Kino	*gegangen.*

2 Hauptsatz (1) + *und* + Hauptsatz (2)
In einem Hauptsatz nach *und* stehen *haben/ sein* ebenfalls an Position 2 und das *Partizip II* ist in letzter Position:

Ich habe geduscht	*und* ich *habe* dann *gefrühstückt.*
Ich habe eingekauft	*und* dann *habe* ich *gearbeitet.*

Achtung!
Normalerweise gibt es *kein* Komma vor *und*.

1 Wortstellung

Ordnen Sie die folgenden Sätze. Beginnen Sie mit dem Wort, das unterstrichen ist.

Beispiel
sind / ins Konzert / <u>Wir</u> / gegangen →
Wir sind ins Konzert gegangen.

a eine E-Mail / <u>Peter</u> / hat / geschrieben
b ins Fitnesscenter / ist / sie / gegangen / <u>Um 17.00 Uhr</u>
c um 10 Uhr / <u>Ich</u> / habe / gehabt / ein Seminar
d habe / ich / <u>Dann</u> / in der Bibliothek gearbeitet / mit meinem Laptop
e ist / heute / 40 Minuten / zur Arbeit gelaufen / <u>Er</u>
f haben / Leute / gehabt / <u>Früher</u> / vielleicht weniger Stress
g in München / <u>Vor zehn Jahren</u> / Maria / gewohnt / hat

2 Verbinden Sie die zwei Sätze

Beispiel
Ich bin aufgestanden. Ich habe gefrühstückt. (*und dann*) →
Ich bin aufgestanden *und dann* habe ich gefrühstückt.

a Erst hat Peter eine E-Mail geschrieben. Er hat telefoniert. (*und danach*)
b Sie haben sich um 6 Uhr getroffen. Sie haben ein Musical gesehen. (*und um 8 Uhr*)
c Er hat bis 7 Uhr gearbeitet. Er ist ins Fitnesscenter gegangen. (*und danach*)
d Ich bin mit dem Fahrrad zum Bahnhof gefahren. Ich habe die U-Bahn genommen. (*und dann*)
e Ich bin zuerst nach Hamburg geflogen. Ich habe Berlin besucht. (*und anschließend*)
f Ich habe am Abend noch ein Bier getrunken. Ich habe sehr gut geschlafen. (*und später*)

Abschnitte C & D

Mehr Vokabeln

Mehr Verben im Perfekt

1 Regelmäßig
entdecken → entdeckt	Fleming hat das Penizillin entdeckt.

2 Verben mit *sein*
starten → gestartet	Die Rakete ist gestartet.
landen → gelandet	Die Rakete ist gelandet.

Achtung!
Das Perfekt für *joggen* kann man mit *haben* und *sein* bilden:

Ich *habe* zwei Stunden *gejoggt*. (*haben* – mit Zeit)

Ich *bin* um den See *gejoggt*. (*sein* – mit Richtung/Ort)

Und zum Schluss

 I Sprechen

Ein Journalist von einem deutschen Fernsehsender interviewt Sie. Wenn Sie wollen, schreiben Sie zuerst die Antworten. Beantworten Sie dann die Fragen.

a Wann sind Sie heute aufgestanden?
b Was haben Sie zum Frühstück gegessen?
c Haben Sie Kaffee oder Tee getrunken?
d Wann sind Sie aus dem Haus gegangen?
e Sind Sie mit dem Bus oder der U-Bahn gefahren?
f Was haben Sie am Vormittag gemacht?
g Haben Sie zu Mittag in einem Restaurant gegessen?
h Was haben Sie getrunken?
i Was haben Sie am Nachmittag gemacht?
j Haben Sie gestern etwas gekauft?
k Haben Sie eine Zeitung gelesen?
l Haben Sie gestern Sport gemacht?
m Sind Sie gestern Abend ausgegangen oder sind Sie zu Hause geblieben?
n Haben Sie gestern ferngesehen oder etwas online gesehen?
o Wenn ja, was haben Sie gesehen?
p Haben Sie Ihre sozialen Netzwerke gecheckt und etwas gepostet?
q Wann sind Sie ins Bett gegangen?
r Welche Musik haben Sie früher gehört? Welche Musik hören Sie jetzt gern?
s Was haben Sie früher gern in Ihrer Freizeit gemacht? Was machen Sie jetzt gern in Ihrer Freizeit?

 2 Lesen

i

Lesen Sie den Text auf der Seite 81 und beantworten Sie die Fragen.

a Was macht ein Berliner Arzt seit über 20 Jahren?
b Was hat er vor etwa drei Jahren gefunden?
c Was hat man 1945 mit dem Bild gemacht?
d Wie lange hat Amelie von Hoff das Bild restauriert?
e Wo hängt das Bild jetzt?

ii

Lesen Sie den Text noch einmal. Sind die Aussagen richtig oder falsch? Korrigieren Sie die falschen Aussagen.

a Meistens findet der Arzt interessante Bilder oder Grafiken auf dem Flohmarkt.
b Das Bild zeigt den Preußen-Prinz Wilhelm IV.
c Der Arzt hat viel Geld für das Bild bezahlt.
d Amelie von Hoff hat das Bild mit Hilfe von einem alten Foto restauriert.

Altes Bild auf dem Flohmarkt gefunden

Ruth und Naemi von Julius Hübner, 1831

Seit über 20 Jahren geht ein Berliner Arzt jedes Wochenende auf den Flohmarkt. Er sucht alte Bilder oder Grafiken. Meistens findet er nichts Besonderes, aber an einem Samstag vor etwa drei Jahren war das anders.

„Erst bin ich an dem Bild vorbeigegangen", sagt der Arzt. „Dann habe ich aber doch gesehen, dass es *Ruth und Naemi* von Julius Hübner war."

Der deutsche Künstler Julius Hübner (1806–1882) hat das Bild 1831 für den Preußen-Prinz Friedrich Wilhelm IV gemalt. Es zeigt zwei Frauen aus der Bibel, Ruth und Naemi.

Am Ende des Krieges 1945 hat man das Bild aus der Alten Nationalgalerie genommen und in einem Turm versteckt. Nach dem Krieg konnte man das Bild nicht mehr finden.

„Ich habe das Bild für ein paar Euro gekauft und der Alten Nationalgalerie gegeben", sagt der Arzt.

Amelie von Hoff hat es dann sechs Monate lang restauriert. „Das Bild war schmutzig und an vielen Stellen hat Farbe gefehlt", sagt die Restaurateurin. „Doch ich hatte ein altes Foto und habe genau gesehen, wie das Bild früher ausgesehen hat."

Der Chef des Museums, Bernhard Maaz, ist sehr glücklich, dass das Bild jetzt endlich wieder in der Alten Nationalgalerie hängt. Auf einer Pressekonferenz sagte Maaz, dass dem Museum seit 1945 noch hunderte von Bildern fehlen.

Mehr Informationen: http://www.julius-huebner.de/DE/1831_ruth_und_naemi.html

Vokabeln

die Grafik (-en)	*artwork, picture*
nichts Besonders	*nothing special*
vorbei|gehen an (+ Dat.)	*to go past*
der Künstler (-) / die Künstlerin (-nen)	*artist*
der Turm (¨e)	*tower*
verstecken	*to hide*
schmutzig	*dirty*
die Farbe (-n)	*colour*
hängen	*to hang*

Kulturtipp

Die **Alte Nationalgalerie** ist ein Kunstmuseum in Berlin. Es zeigt Kunst des Klassizismus, der Romantik, des Biedermeier, des Impressionismus und der beginnenden Moderne.

Es gibt auch die **Neue Nationalgalerie**. Dort kann man moderne Kunst aus dem 20. Jahrhundert sehen.

9 | Ich wohne lieber in der Stadt

Abschnitt A

Übungen

1 Wie heißen die Wörter?

Ergänzen Sie.

a Hier wohnen viele Studenten:
ein Studentenwohnheim.

b Hier wohnen Leute zusammen, teilen die Miete etc.:
eine W_hng_m_ _nsc_aft.

c Hier gibt es viele Etagen und viele Wohnungen:
ein _ _ _ _haus.

d Ein Haus, das zusammen mit anderen Häusern steht:
ein R_ _ he_h_ _ s.

e Ein Haus für zwei Familien:
ein Z _ _ fam_ _ _ _ ha_ _.

f Eine Wohnung, die sehr alt ist:
eine Al_ b _ _w _ _ n _ _ _.

g Hier kann man wohnen, wenn man zum Beispiel eine andere Stadt besucht:
ein H_ t _l.

h Ein Haus für eine Familie:
ein E _ _f _ _ il_ _ _h _ _ _.

2 Welches Wort passt am besten?

> Zimmer – Wohngemeinschaft – Garten – Blick – Verkehrsverbindungen – Miete – 88 m^2 – Stadtzentrum

a Hier ist es sehr grün. Wir haben jetzt auch einen _____.

b Unsere Wohnung ist _____ groß.

c Ich wohne in einem Hochhaus und habe einen schönen _____ auf die Stadt.

d Früher haben wir im _____ gewohnt.

e Die _____ ist nicht so hoch – € 720 im Monat.

f Ich habe ein kleines _____ im Studentenwohnheim.

g Viele Studenten leben in einer _____.

h Ich lebe in der Nähe vom Bahnhof. Die _____ sind natürlich sehr gut.

Grammatik

Dativ

Dativ nach Artikeln + Possessivpronomen

	Ich fahre mit ...	*Ich wohne in ...*	*Wann fährst du zu ...*
(m)	de**m** Bus.	eine**m** Bungalow.	deine**m** Sohn?
(f)	de**r** U-Bahn.	eine**r** Wohnung.	deine**r** Tochter?
(nt)	de**m** Fahrrad.	eine**m** Haus.	deine**m** Kind?

Plural: Es gibt Probleme mit de**n** Züge**n**.
Er wohnt in de**n** Berge**n**.
Wann fährst du zu deine**n** Kinder**n**?

Achtung!

1 Im Plural:
Nomen + **n**: die Züge → mit den Züge**n**
Aber kein extra **n**, wenn der Plural mit **n** oder **s** endet:
die Studenten → mit den Studenten
die Büros → in den Büros

2 Nicht vergessen:
in dem → im; zu dem → zum; zu der → zur; von dem → vom

I Dativ-Endungen

Ergänzen Sie.

i Singular

a Er fährt meistens mit de**m** Bus.

b Fährst du oft mit d____ U-Bahn?

c Familie Ott wohnt in ein____ Einfamilienhaus.

d Früher haben sie in ein____ Hochhaus gewohnt.

e Tim lebt in ein____ Studentenwohnheim.

f Er arbeitet am Wochenende in ein____ Café.

g Susi möchte in ein____ Altbauwohnung leben.

h Er lebt gern in sein____ neuen Wohnung.

i Maria wohnt mit ihr____ Schwester zusammen.

j Paul lebt mit sein____ Bruder.

ii Plural

a In de**n** Zimmer**n** im Studentenwohnheim gibt es WLAN.

b In d__ Seminare__ waren nicht so viele Leute.

c Kai will mit d__ anderen Studente**n** für das Examen lernen.

d Sonntag fahre ich zu mein__ Elter**n**.

e In d__ Reihenhäuser__ wohnen viele Familien.

f Herr Pauly wohnt jetzt mit sein__ zwei Töchter__ in München.

g Morgen fährt Martin zu sein__ Geschwister__ nach Schottland.

h Er hat am Samstag mit sein__ Freunde__ eine große Party gemacht.

2 Mehr Dativ-Endungen

Beantworten Sie die Fragen.

a Wohnst du noch in deiner alten Wohnung? →
Ja, ich wohne noch in meiner alten Wohnung.

b Arbeitest du noch gern in deinem Garten? →
Ja, ich arbeite noch gern in meinem Garten.

c Fährst du meistens mit deinem Auto zur Arbeit?

Ja, ich _____.

d Hast du gestern mit deiner Schwester telefoniert?

Ja, ich habe _____.

e Bist du mit deinem Bruder in den Urlaub gefahren?

Ja, ich _____.

f Fährst du am Wochenende noch oft zu deinen Eltern?

Ja, ich _____.

g Gehst du noch oft mit deinen Freunden ins Kino?

Ja, ich _____.

h Bist du gestern Abend mit deiner Freundin / deinem Freund ins Theater gegangen?

Ja, ich _____.

Mehr Vokabeln

der Bungalow (-s)
die 1-Zimmer-Wohnung (-en)
die 3-Zimmer-Wohnung (-en)
die Neubauwohnung (-en)
das Penthouse (-s)
das Loft (-s)

Abschnitt B

Übungen

I Was kann man wo machen?

Verbinden Sie.

A	B
1 Wo kann man duschen?	**a** Im Keller.
2 Wo kocht man?	**b** Im Kinderzimmer.
3 Wo steht das Auto?	**c** Im Wohnzimmer.
4 Wo wohnen die Gäste?	**d** In der Garage.
5 Wo schlafen die Leute?	**e** Im Badezimmer.
6 Wo schlafen die Kinder?	**f** In der Küche.
7 Wo sieht man fern etc.?	**g** Im Arbeitsraum.
8 Wo stehen die alten Sachen?	**h** Im Gästezimmer.
9 Wo kann man arbeiten?	**i** Im Schlafzimmer.

2 Welches Wort passt nicht?

a Die Wohnung ist: *groß, schön, ~~leicht~~, billig*

b Die Küche ist: *modern, schnell, alt, klein*

c Die Umgebung ist: *ruhig, grün, interessant, langsam*

d Das Zimmer ist: *hell, dunkel, spät, ruhig*

e Der Blick ist: *teuer, schön, wunderbar, gut*

f Der Garten ist: *grün, schwer, hell, groß*

g Die Möbel sind: *modern, altmodisch, kaputt, leise*

h Die Nebenkosten sind: *günstig, neu, teuer, hoch*

i Die Verkehrsverbindungen sind: *hell, schlecht, gut, super*

3 Puzzle – Thema: Wohnen

Finden Sie die Wörter im Puzzle. Wir haben 30 Wörter gefunden. Vielleicht finden Sie noch mehr?

P	I	W	O	H	N	H	E	I	M	B	A	D	O
A	K	O	S	T	A	U	B	S	A	U	G	E	R
K	Ü	H	L	S	C	H	R	A	N	K	H	L	E
I	C	N	Z	E	N	T	R	U	M	P	O	M	C
N	H	U	R	U	H	I	G	R	O	F	C	I	H
D	E	N	B	L	I	C	K	E	H	L	H	K	N
E	I	G	E	L	D	K	L	I	N	A	H	R	U
R	S	A	T	E	B	E	O	H	M	N	A	O	N
Z	E	N	T	R	A	L	H	E	I	Z	U	N	G
I	S	T	I	E	L	L	H	N	E	E	S	E	A
M	S	S	S	G	K	E	E	H	T	H	E	L	R
M	E	O	C	A	O	R	L	A	E	W	E	I	T
E	L	F	H	L	N	F	L	U	R	D	L	E	E
R	I	A	R	B	E	I	T	S	R	A	U	M	N

Grammatik

Das Geschlecht

Tipp – 16 typische Endungen bei Nomen:

männlich	weiblich	sächlich
-er Computer	-e Lampe	-chen Mädchen
-ig Honig	-ei Bäckerei	-ment Instrument
-mus Materialismus	-ik Musik	-o Auto
-en Laden	-ion Lektion	-um Zentrum
	-schaft Mannschaft	
	-tät Universität	
	-ung Wohnung	
	-ur Natur	

Achtung! Es gibt Ausnahmen:
Zum Beispiel: das Zimmer; die Nummer; der Name; der Käse;
das Stadion; der Moment; der Cappuccino

1 Wie heißen die Endungen?

Ergänzen Sie.

a die Fleischer_ _   – die Bäcker_ _
b das Muse_ _   – das Studi_ _
c die Vorles_ _ _   – die Zeit_ _ _
d der Kell_ _   – der Comput_ _
e das Aut_   – das Kin_
f die Mann_ _ _ _ _ _   – die Wohngemein_ _ _ _ _ _
g die Informat_ _ _   – die Lekt_ _ _
h die Flasch_   – die Frag_
i der Hon_ _   – der Kön_ _
j das Mäd_ _ _   – das Bröt_ _ _ _

2 Männlich, weiblich oder sächlich?

Ordnen Sie bitte zu.

Instrument – Umgebung – Museum – Idealismus – Vorlesung – Studio – ~~Waschmaschine~~ –
Hautcreme – ~~Fernseher~~ – Miete – Wagen – Würstchen – Küche – Vergangenheit –
Tennisschläger – Minute – Teller – Medikament – Keller – König – Pflanze – Foto – Kleidung –
Büro – Prüfung – Fleischerei – Zeitung – Kultur – Wohngemeinschaft – Touristeninformation –
Wecker – Kino – ~~Brötchen~~ – Studium

a männlich: *Fernseher,* _____

_____

b weiblich   *Waschmaschine,* _____

_____

c sächlich   *Brötchen,* _____

_____

3 Der, die oder *das?*

Wie heißt der richtige Artikel?

a _____ Stadtzentrum ist sehr schön.
b Wohin kommt ___ Computer?
c _____ Auto ist in der Garage.
d Was kostet _____ Miete?
e Wo ist _____ Museum?
f _____ Prüfung ist morgen, nicht heute!
g _____ Büro ist im dritten Stock.
h Wo ist ___ Zeitung?

Mehr Vokabeln

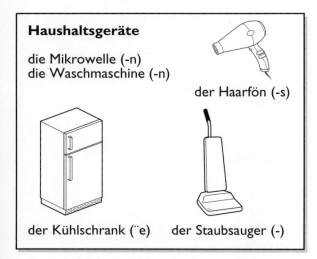

Haushaltsgeräte

die Mikrowelle (-n)
die Waschmaschine (-n)

der Haarfön (-s)

der Kühlschrank (¨e)   der Staubsauger (-)

Abschnitt C

Übungen

1 Stadt oder Land?

Ordnen Sie zu.

> ~~Die Luft ist gut~~. – Es ist multikulturell. – Man kann gut einkaufen. – Das kulturelle Angebot ist nicht so gut. – Die Leute haben Zeit und sind nicht so gestresst. – Das Nachtleben ist fantastisch. – Die Verkehrsverbindungen sind nicht so gut. – Es ist grün und es gibt viel Natur. – Es ist laut. – Es gibt wenig Stress. – Es gibt viele Museen und Kinos. – Es ist schmutzig. – Es ist ein bisschen langweilig. – Es ist sehr hektisch.

A Stadt   **B Land**

_____   *Die Luft ist gut.*

_____   _____

_____   _____

_____   _____

_____   _____

_____   _____

_____   _____

_____   _____

2 Wohnen Sie lieber auf dem Land oder in der Stadt?

Ergänzen Sie.

kulturelle – stressig – Kunst – studiert – in –
Leben – bin – besser – auf – gehabt – gelebt –
machen – wieder – dem – Leute – gern –
gearbeitet – Stadtteil

a Ich lebe gern 1_____ der Stadt.
Man kann hier so viel 2_____.
Das 3_____ Angebot ist einfach
fantastisch. Ich liebe moderne 4_____
und gehe oft ins Museum. Auf 5_____
Land finde ich es zu langweilig. Das
6_____ in der Stadt ist einfach
interessanter. Mein 7_____ ist sehr
schön und man kann hier alles finden.

b Ich habe früher in der Stadt 1_____,
aber ich 2_____ vor drei Jahren aufs
Land gezogen. Das Leben auf dem Land ist
viel ruhiger und die 3_____ sind viel
freundlicher. Es ist sehr grün hier und die Luft
ist viel 4_____ als in der Stadt. Ich
lebe 5_____ hier.

c Ich habe als Kind 1_____ dem Land
gelebt. Das war toll. Wir haben Hunde
und Pferde 2_____. Später habe ich
Informatik in Chicago 3_____ und
dann mehrere Jahre in New York gelebt
und dort auch 4_____. Jetzt lebe ich
5_____ auf dem Land. Es ist ruhig hier
und nicht so 6_____.

Grammatik

Der Komparativ

Bildung: Adjektiv + _er_

schnell	→	schneller
interessant	→	interessanter

Adjektive mit einer Silbe (_syllable_) haben oft einen Umlaut:

alt → älter
groß → größer
jung → jünger

Achtung!

1	Kein Umlaut:	bunt	→ bunter
2	Vorsicht:	dunkel	→ dunkler
		hoch	→ höher
		teuer	→ teurer
3	Unregelmäßige Formen:	gut	→ besser
		viel	→ mehr
		gern	→ lieber

1 Wie heißt der Komparativ?

a alt → _älter_
b altmodisch → _____
c arm → _____
d billig → _____
e bunt → _____
f früh → _____
g hässlich → _____
h hektisch → _____
i interessant → _____
j kalt → _____
k langweilig → _____
l langsam → _____
m laut → _____
n schlecht → _____
o schwer → _____
p stressig → _____
q warm → _____
r gut → _____

s dunkel → _____

t hoch → _____

u teuer → _____

2 Was stimmt hier nicht?

Benutzen Sie die Wörter in der Box.

> ~~laut~~ – schnell – teuer – schlecht –
> interessant – hektisch – groß – wenig

a In der Stadt ist es ruhiger als auf dem Land.
Nein, in der Stadt ist es lauter als auf dem Land.

b In der Stadt ist die Luft besser als auf dem Land.
Nein, in der Stadt _____.

c In der Stadt ist es langweiliger als auf dem Land.
Nein, _____.

d In der Stadt ist das Leben langsamer als auf dem Land.
Nein, _____.

Abschnitt D

Übungen

e In der Stadt ist das kulturelle Angebot kleiner als auf dem Land.
Nein, _____.

f In der Stadt haben die Menschen mehr Zeit als auf dem Land.
Nein, _____.

g In der Stadt sind die Mieten meistens billiger als auf dem Land.
Nein, _____.

h In der Stadt ist das Leben entspannter als auf dem Land.
Nein, _____.

Mehr Vokabeln

> **Adjektive – Gegenteile**
>
> friedlich – aggressiv
> offen – verschlossen
> sauber – schmutzig
> entspannt – angespannt
>
> *die* multikulturelle *Gesellschaft* – in einer multikulturellen Gesellschaft gibt es Menschen unterschiedlicher Nationalitäten, Sprachen, Rassen, Religionen etc.

1 Welche Definition (B) passt zu welchem Wort (A)?

Verbinden Sie.

A	B
1 das Einzelzimmer	**a** dort meldet man sich an
2 das Doppelzimmer	**b** dort kann man ein Meeting haben
3 die Rezeption	**c** ein anderes Wort für Touristeninformation
4 die Innenstadt	**d** dort kann man schlafen und auch kochen
5 das Appartement	**e** dort kann man Sport treiben
6 der Tagungsraum	**f** ein Zimmer für zwei Personen
7 die Tiefgarage	**g** ein Zimmer für eine Person
8 der Fitnessbereich	**h** ein anderes Wort für Zentrum
9 das Verkehrsamt	**i** Taschen, Koffer etc.
10 das Gepäck	**j** dort kann man sein Auto parken

2 Ferienwohnung in München

Melanie und Susi möchten eine Woche in München verbringen. Sie glauben, sie haben eine passende Wohnung gefunden.

Hier ist ihre Wunschliste:
1 Die Wohnung soll zwei Betten haben.
2 Sie möchten nicht im Wohnzimmer schlafen.
3 Sie möchten in der Stadtmitte wohnen.

4 Sie rauchen nicht.
5 Sie wollen nicht mehr als 300 Euro pro Person für eine Woche bezahlen.
6 Nach einem langen Tag in der Stadt möchten sie auf einem Balkon oder in einem Garten sitzen.
7 Eine Freundin möchte sie für eine Nacht besuchen.
8 Melanie und Susi wollen nicht kochen.
9 Sie möchten aber morgens Kaffee machen.

Schreiben Sie bitte die Nummern der verschiedenen Wünsche rechts neben die passenden Beschreibungen.

a Neu renoviertes, modern und geschmackvoll möbliertes Appartement (ca. 28 m²) mit Schlafzimmer, Wohnzimmer, Bad und Terrasse.	2, 6
b Das Schlafzimmer hat direkten Zugang zum kleinen Garten mit eigener Terrasse und ist mit 2 Einzelbetten ausgestattet.	
c Das Wohnzimmer bietet ein Sofa mit Schlaffunktion für eine weitere Person, TV, Stereoanlage, einen kleinen Tisch mit Stühlen und eine Ecke mit einem Kühlschrank, einer Mikrowelle und einer Kaffeemaschine.	
d Leider gibt es keine Kochmöglichkeit!	
e Dieses Zimmer ist ein Nichtraucherzimmer.	
f Sehr zentrale Stadtlage.	
g Zimmerpreis pro Woche bei 2 Personen insgesamt: 580,00 Euro.	

Grammatik

Der Superlativ

Formation: *am* + Adjektiv + *(e)sten*

   schnell   → *am* schnell*sten*
   interessant → *am* interessant*esten*

Adjektive mit einer Silbe (*syllable*) haben meist einen Umlaut:

	Komparativ	Superlativ
alt	→ älter	→ am ältesten
jung	→ jünger	→ am jüngsten

Achtung!

dunkel	→ dunkler (!)	→ am dunkelsten
hoch	→ höher (!)	→ am höchsten
teuer	→ teurer (!)	→ am teuersten
groß	→ größer	→ am größten (!)
gut	→ besser	→ am besten
viel	→ mehr	→ am meisten
gern	→ lieber	→ am liebsten

1 Wie heißt es richtig?

Ergänzen Sie, bitte.

		Komparativ	**Superlativ**
a	billig	billiger	am billigsten
b	_____	wärmer	_____
c	kalt	_____	_____
d	lang	_____	_____
e	interessant	_____	_____
f	hektisch	_____	_____
g	hoch	_____	_____
h	teuer	_____	_____
i	friedlich	_____	_____
j	dunkel	_____	_____
k	_____	lieber	_____
l	gut	_____	_____

2 Rekorde

Bilden Sie den Komparativ and Superlativ.

Beispiel

hoch: das Matterhorn (4478 m), der Kilimandscharo (5893 m), der Mount Everest (8844 m) →
Der Kilimandscharo ist *höher* als das Matterhorn, aber der Mount Everest ist *am höchsten*.

a *lang*: der Amazonas (6788 km), der Nil (6671 km), der Rhein (1320 km)

b *alt*: Berlin (über 750 Jahre), Damaskus (über 6000 Jahre), Rom (über 3000 Jahre)

c *groß*: Deutschland (357 022 km²), Kanada (9,97 Mio km²), Russland (17 Mio km²)

d *schnell*: der Gepard (120 km/h), der Hase (80 km/h), der Löwe (55 km/h)

e *teuer*: der BMW M6 (€135.000), der Ferrari 488 GTB (€220.000), der Maserati GranSport Spyder (€157.000)

f *warm*: Berlin (28°C), Kairo (39°C), Neu Delhi (45°C)

g *kalt*: Fairbanks, USA (4°C), Sukkertoppen, Grönland (−2°C), Yellowknife, Kanada (−8°C)

h *billig*: der Opel Corsa (€12.135), der Toyota Aygo (€10.500), der Volkswagen up! (€9.975)

Mehr Vokabeln

Hotel

der Fitnessbereich (-e)
der Wellnessbereich (-e)
die Sauna (-s) / Saunen

ein Zimmer buchen → die Buchung (-en)
ein Zimmer reservieren → die Reservierung (-en)

Und zum Schluss

 I Sprechen

Ein Interview. Was antworten Sie?

a Wo wohnen Sie? (in einem Haus, in einer Wohnung etc.)

b Wie viele Zimmer hat Ihre Wohnung / Ihr Haus?

c Haben Sie ein Gästezimmer?

d Wie sind Ihr(e) Zimmer? (groß, klein, hell, ruhig etc.) Beschreiben Sie Ihr(e) Zimmer.

e Haben Sie auch einen Garten? Wenn ja, ist Ihr Garten groß?

f Wohnen Sie mit Ihrem Partner / Ihrer Partnerin zusammen?

g Haben Sie moderne Möbel?

h Brauchen Sie noch ein paar Sachen für Ihre Wohnung / Ihr Haus? (zum Beispiel: Regale oder eine Mikrowelle?)

i Liegt Ihre Wohnung ruhig?

j Was ist typisch für Ihren Stadtteil? Hat er sich in den letzten Jahren verändert?

k Wie weit ist es bis zum nächsten Supermarkt?

l Wie lange brauchen Sie von Ihrer Wohnung in die Stadt?

m Wie lange wohnen Sie schon in Ihrer Wohnung / Ihrem Haus?

n Leben Sie gern in Ihrer Wohnung / Ihrem Haus?

o Machen Sie oft Ausflüge in die Umgebung? Wenn ja, wo fahren Sie hin und was machen Sie?

p Wohnen Sie lieber in der Stadt oder auf dem Land? Warum?

q Was finden Sie ist besser in der Stadt?

r Was finden Sie ist besser auf dem Land?

 2 Lesen

Bevor Sie den Text lesen, machen Sie bitte erst Übung i.

i Vokabel-Hilfe

Wie heißen die Wörter auf Englisch? Ordnen Sie zu.

A		B	
I	das Telefongespräch	a	Value Added Tax (VAT)
2	die Bestätigung	b	minster, cathedral
3	am heutigen Tag	c	included
4	das Münster	d	hair-dryer
5	enthalten	e	confirmation
6	die Mehrwertsteuer (MwSt)	f	today
7	der Haartrockner	g	to welcome
8	begrüßen	h	telephone call

ii

Lesen Sie jetzt den Text und beantworten Sie dann die Fragen auf der Seite 94. Keine Panik – Sie brauchen nicht alles zu verstehen.

Altstadt Hotel Freiburg

**Herzlich willkommen im Altstadt Hotel,
Ihrem Hotel im Herzen der Altstadt von Freiburg.**

Freiburg, 26. Januar

Altstadt Hotel

Buchungsbestätigung

Sehr geehrter Herr Coggle,

herzlichen Dank für das nette Telefongespräch am heutigen Tag und Ihre freundliche Reservierung. Gern bestätigen wir Ihnen folgende Buchung in unserem Hotel am Münsterplatz:

Anreise: Dienstag, 14. April
Abreise: Freitag, 17. April

Anzahl Zimmer: 1 exclusives Doppelzimmer mit Blick auf das Freiburger Münster

Tagespreis pro Zimmer & Nacht: Euro 128,00

Im Preis enthalten ist unser Frühstücksbüffet, Service und die Mehrwertsteuer. Unsere Zimmer haben alle Bad oder Dusche/WC, Haartrockner, Direktwahl-Telefon, Kabel-TV und einen Zimmersafe.

In den meisten Zimmern ist ein Internetzugang möglich. Es kann jedoch in unseren historischen Gebäuden zur Instabilität der WLAN-Verbindung kommen.

Sie sagten, dass Sie bereits gegen 13.00 Uhr anreisen werden. Da die Anreise erst ab 15.00 Uhr möglich ist, können Sie gerne Ihr Gepäck an der Rezeption deponieren.

Wir würden uns freuen, Sie und Ihre Frau auch in unserem Restaurant begrüßen zu dürfen. Sonntags hat das Restaurant leider geschlossen.

Wir wünschen Ihnen eine gute Anreise und freuen uns, Sie beide in unserem Hause begrüßen zu dürfen.

Mit freundlichen Grüßen aus Freiburg

ALTSTADT HOTEL

Barbara Grünfeld
Rezeption

Welche Aussage stimmt?

a Das Hotel liegt
i in der Nähe der Altstadt; **ii** direkt in der Mitte der Altstadt.

b Herr Coggle hat
i am 14. April; **ii** am 26. Januar mit der Rezeption telefoniert.

c Er hat
i für drei Nächte; **ii** für vier Nächte gebucht.

d Er hat
i ein Doppelzimmer; **ii** eine Suite gebucht.

e Das Zimmer kostet
i 128 Euro pro Nacht inklusive Frühstück; **ii** 128 Euro pro Nacht ohne Frühstück.

f Man hat
i in den meisten Zimmern; **ii** in einigen Zimmern Zugang zum Internet.

g Man kann das Gepäck
i am Hauptbahnhof aufgeben; **ii** an der Rezeption lassen.

h Das Hotel hat
i auch ein Restaurant; **ii** leider kein Restaurant.

10 | Ist Mode wichtig für Sie?

Abschnitt A

Übungen

1 Welches Wort passt am besten?

> Markenkleidung – Leute – Typ – Ausdruck –
> Secondhandshops – Sachen – Modetrends –
> Neues – Outfit

a Mode ist ein wichtiger _____ unserer Zeit.

b Immer soll man etwas _____ kaufen.

c Ich kaufe viel in _____ ein.

d Ich bin ein sportlicher _____.

e Ein modernes _____ ist sehr wichtig für mich.

f Ich trage gern bequeme _____.

g Mode zeigt, was _____ denken und fühlen.

h _____ finde ich langweilig.

i Es gibt viel Druck, _____ zu kaufen.

2 Argumente pro (✓) oder contra Mode (✗)?

a Modetrends finde ich langweilig. (✗)

b Die Leute wollen gut und schick aussehen – das finde ich gut. (__)

c Ich kaufe gern neue Kleidung. (__)

d Mode finde ich uninteressant. Ich kaufe nur, was ich mag. (__)

e Die Modeindustrie ist sehr wichtig. Dort arbeiten viele Menschen. (__)

f Mode ist doch nur etwas für Leute mit viel Geld. (__)

g Meine Frau kauft immer neue Kleidung für mich. Mode und Shoppen mag ich nicht. (__)

h Mode finde ich super. Ich liebe den Stil von Jil Sanders. (__)

3 Sagen Sie es anders

Beispiel
Ich trage gern etwas Bequemes. →
Ich trage gern bequeme Sachen.

a Ich trage gern etwas Sportliches.
Ich trage gern _____ Sachen.

b Er trägt gern etwas Schwarzes.
Er trägt gern _____.

c Ich trage nie etwas Langweiliges.
Ich trage nie _____.

d Ich trage gern etwas Modisches.
_____

e Ich trage gern etwas Elegantes.
_____

f Ich trage nie etwas Buntes.
_____

g Er trägt gern etwas Individuelles.
_____

Grammatik

Adjektive – Endungen (II): Nominativ

Endungen im *Nominativ* mit *ein, eine, ein*:

Er ist ein interessant**er** Mann. *(m)*
Sie ist eine interessant**e** Frau. *(f)*
Das ist ein modisch**es** Outfit. *(nt)*
Das sind schön**e** Sachen. *(pl)*

Achtung!

1 Im Nominativ sind die Endungen ähnlich
   wie für die definitiven Artikel:
   d**er**   ein interessant**er** Mann
   d**ie**   eine interessant**e** Frau
   d**as**   ein modisch**es** Outfit
   d**ie**   schön**e** Sachen

2 Keine Endungen für *super* und *prima*:
   Sie sehen einen *super* Film.
   Das ist ein *prima* Buch.

I Adjektivendungen

Üben Sie.

Beispiele
Das Hotel ist billig. →
Das ist ein billiges Hotel.

a Die Wohnung ist ruhig.
   Das ist eine _____.
b Der Garten ist groß.
   _____
c Der Fernseher ist alt.
   _____
d Das Zimmer ist klein.
   _____
e Das Wochenende war toll.
   _____
f Der Abend war schön.
   _____

g Die Möbel sind altmodisch.
   _____
h Die Leute waren sehr nett.
   _____
i Die Idee ist gut.
   _____
j Die Idee ist prima.
   _____
k Die Party war super.
   _____

2 Ein Interview

Was denkt Karin Klauser?

i Ergänzen Sie die Adjektivendungen.

Beispiel
Wie finden Sie London? →
Ich finde, London ist eine interessante Stadt.

a Wie finden Sie Beyoncé?
   Ich finde, Beyoncé ist eine gut__ Sängerin.
b Wie finden Sie Benedict Cumberbatch?
   Ich finde, Benedict Cumberbatch ist ein
   talentiert__ Schauspieler.
c Wie finden Sie *Moonlight*?
   Ich finde, *Moonlight* ist ein fantastisch__ Film.
d Wie finden Sie Harry Potter?
   Ich finde, Harry Potter ist ein sehr
   interessant__ Buch.
e Wie finden Sie Boxen?
   Ich finde, Boxen ist ein gefährlich__ Sport.
f Wie finden Sie Fish und Chips?
   Ich finde, Fish und Chips ist ein lecker__ ,
   aber auch ungesund__ Essen.
g Wie finden Sie Deutsch?
   Ich finde, Deutsch ist eine schön__, aber auch
   kompliziert__ Sprache.

ii Und Sie? Wie finden Sie Beyoncé, Benedict
Cumberbatch etc.? Beantworten Sie nun die
Fragen a–g und sagen Sie, was Sie denken.

Mehr Vokabeln

> **Mode**
>
> der Modetrend (-s)
> die Modeindustrie (-n)
> die Modenschau (-en)
> das Modegeschäft (¨e)
> das Modemagazin (-e)

Abschnitt B

Übungen

1 Was ist das?

Ordnen Sie zu.

> die Hose – die Jacke – das Hemd – der
> Mantel – die Krawatte – der Rock – die
> Schuhe – die Brille – der Anzug – der Schal –
> die Handschuhe – die Mütze – die Stiefel

a _____

b _____

c _____

d _____

e _____

f _____

g _____

h _____

i _____

j *die Stiefel*

k _____

l _____

m _____

2 Singular – Plural

Wissen Sie noch, wie die Pluralfomen heißen?
Auf Seite 45 finden Sie mehr Informationen.

i Männliche Nomen: oft -e oder ¨e

a der Schuh   → _____
b der Hut   → *die Hüte*
c der Anzug   → _____
d der Rock   → _____
e der Strumpf   → _____

ii Weibliche Nomen oft: -n oder -en

a die Bluse → _____

b die Hose → _____

c die Jacke → _____

d die Krawatte → _____

e die Mütze → _____

iii Sächliche Nomen: oft -e oder ¨er

a das Kleid → _____

b das Hemd → *aber: die Hemden*

iv Ausländische Wörter: oft -s:

a das T-Shirt → _____

b das Outfit → _____

v Wörter mit -r und -el: oft – oder ¨:

a der Pullover → *die Pullover*

b der Stiefel → _____

c der Gürtel → _____

d der Mantel → _____

3 Was tragen Sie gern?

Lesen Sie, was die Leute gern tragen und was sie nicht gern tragen. Beantworten Sie dann die Fragen.

Karin de Brie, 29, Designerin

Mode ist sehr wichtig für mich. Ich trage gern Markenkleidung – Schuhe von Zara, Sonnenbrillen von Marc Jacobs, Pullover von Topshop und Jeans von Acne. Außerdem liebe ich Handtaschen, am liebsten von Gucci.

Wenn ich ausgehe, ziehe ich mich gern schick an. Zu Hause trage ich gern Jeans und Pullover. Eigentlich trage ich alles gern, was modisch ist. Ich mag aber keine dunklen Sachen.

Sonja Schustermann, 22, studiert BWL

Im Moment bin ich Studentin. An der Uni trage ich normalerweise eine Jeans und ein T-Shirt. Im Winter trage ich meistens eine Jeans und einen warmen Pullover.

Am Wochenende arbeite ich in einem Restaurant. Dann trage ich eine weiße Bluse mit einem schwarzen Rock und eleganten Schuhen. Blusen und Röcke trage ich aber eigentlich nicht so gern. Am liebsten trage ich bequeme Sachen.

Richtig oder falsch? Korrigieren Sie die falschen Aussagen.

Beispiel

Karin trägt gern Schuhe von Topshop. → Falsch. Sie trägt gern Schuhe von Zara.

a Karin liebt Handtaschen.

b Zu Hause trägt sie nicht gern Jeans und Pullover.

c Sie trägt gern alles, was dunkel ist.

d An der Uni trägt Sonja Schustermann normalerweise Jeans und ein T-Shirt.

e Bei der Arbeit muss sie einen schwarzen Rock mit einer schwarzen Bluse tragen.

f Sie zieht sehr gern Blusen und Röcke an.

g Am liebsten trägt Sonja bequeme Sachen.

Grammatik

Adjektive – Endungen (III): Dativ

Endungen im *Dativ* mit *einem, einer, einem*:

Susanne trägt eine weiße Bluse mit ...
> einem *schwarzen* Mantel. *(m)*
> einer *roten* Hose. *(f)*
> einem *eleganten* Hemd. *(nt)*
> – *schwarzen* Schuhen. *(pl)*

Achtung!

1 Alle Adjektivendungen im Dativ: → ***en***

2 Keine Endungen für *super, prima, lila* (purple) und *rosa* (pink)

3 Im Dativ-Plural: die meisten Nomen brauchen ein extra ***-n***:
Er trägt ein Hemd mit schwarzen Schuhe**n**.

I Was tragen die Leute?

Ergänzen Sie die Endungen im Dativ.

a Carsten trägt eine Hose mit einem weiß__ Hemd.

b Dazu trägt er eine Jacke mit einer grau__ Krawatte.

c Nele hat eine blaue Bluse mit einer schwarz__ Jeans an.

d Alfons trägt einen Hut mit einer dunkl__ Lederhose und einem modisch__ T-Shirt.

e Nadine trägt gern eine Jacke mit einer hell__ Bluse und schwarz__ Schuhen.

2 Mehr Adjektivendungen

Ergänzen Sie die Endungen im Akkusativ und Dativ. Für Endungen im Akkusativ, sehen Sie bitte Lektion 8, Seite 74 Grammatik.

a Zu Hause trägt Dieter Schulz gern eine alte Jeans mit ein**em** alt**en** Hemd und bequem**en** Schuhe**n**.

b Bei der Arbeit trägt er ein__ blau__ Anzug mit ein__ rot__ Krawatte und schwarz__ Schuhen.

c In der Schule trägt Moni eine Jeans mit ein__ modisch__ T-Shirt und schick__ Puma-Schuhen.

d Bei der Arbeit trägt Carolina ein__ elegant__ Bluse mit ein__ schön__ Rock und elegant__ Schuhen.

e Im Winter trägt Florbella meistens ein__ dick__ Mantel mit ein__ warm__ Pullover und warm__ Stiefeln.

f Im Sommer trägt sie lieber ein schön__ Kleid mit leicht__ Sommerschuhen.

g Tom trägt am liebsten Streetwear. Meistens trägt er ein__ schick__ Jeans aus New York mit ein__ modisch__ Diesel-Sweatshirt und modisch__ Puma-Schuhen.

3 Mode made in Germany – Was passt zusammen?

a Düsseldorf	1 waren Gründer von Adidas und Puma.
b Karl Lagerfeld und Jil Sander	2 sind Modelabels aus Deutschland.
c Claudia Schiffer und Heidi Klum	3 steht für lässige, urbane Mode.
d Gerry Weber und Hugo Boss	4 war früher das deutsche Modezentrum.
e Adi und Rudolf Dassler	5 sind berühmte Modedesigner.
f Das Label lala Berlin	6 sind bekannte Models.
g Berlin Fashion Week	7 ist die wichtigste Modenschau in Deutschland.

Mehr Vokabeln

Kleidung

der Schal (-s)
der Handschuh (-e)
der Stiefel (-)
das Dirndlkleid (-er)

das Leder + die Jacke → die Lederjacke (-n)
die Wolle + der Pullover → der
　　　　　　　　　　　　 Wollpullover (-)
die Seide + das Hemd → das Seidenhemd (-en)
der Tanz + der Schuh → der Tanzschuh (-e)

Abschnitt C

Übungen

1 Wie heißen die Wörter?

Bitte ordnen Sie zu.

eine Hochzeit – eine Grillparty – eine
Geburtstagsfeier – Silvester – eine
Hauseinweihungsfeier – Weihnachten – eine
Bad-Taste-Party – eine Studentenparty

a Hier ziehen sich Leute sehr schlecht an:
   eine Bad-Taste-Party
b Eine Person wird zum Beispiel 50 Jahre alt:
   _____
c Diese Party findet an einer Universität statt:
   _____
d Wenn zwei Personen heiraten:
   _____
e Findet meistens im Sommer im Garten statt:
   _____
f Dieses Fest feiert man am 24., 25. und 26.
   Dezember:
   _____

g Hier gibt es meistens Sekt, Musik etc.
   (31. Dezember):
   _____
h Leute ziehen in eine neue Wohnung ein:
   _____

2 Wohin gehen diese Leute?

Lesen Sie, was die Leute tragen und
entscheiden Sie dann, wohin sie gehen.

Die Leute gehen:

1 zu einem Tango-Tanzabend	
2 auf eine Grillparty	
3 auf eine Hippie-Hochzeit	*a,*
4 zu einem „Bayernabend"	
5 auf eine Hochzeit in der Kirche	

Der Mann trägt:

a lange Haare, ein langes, buntes Hemd mit einer
   alten Jeans, einer Halskette und Sandalen.
b dunkelblaue Shorts, Adidas-Sportschuhe,
   ein Bayern-München-Fußballhemd und eine
   Sonnenbrille.
c eine kurze Lederhose, lange Wollsocken, eine
   braune Wolljacke im traditionellen Stil, einen
   Hut mit Feder.
d einen dunklen Anzug mit einer silbergrauen
   Krawatte und mit einem weißen Hemd.
e einen weißen Anzug, schwarze Lederschuhe
   und einen schwarzen argentinischen Gaucho-
   Hut.

Die Frau trägt:

f weiße Shorts, grüne Schuhe, ein grünes
   T-Shirt und eine Sonnenbrille.
g ein rotes Kleid aus Seide, lange silberne
   Ohrringe, schwarze Tanzschuhe.

h ein violettes Maxikleid, Blumen in den Haaren, eine lange Halskette aus Glasperlen und keine Schuhe.

i ein Dirndlkleid mit einer weißen Bluse, weißen Strümpfen und schwarzen Schuhen.

j ein elegantes Kleid, eine rosarote Jacke, einen roten Hut und elegante Schuhe.

3 Wortspiel – Geschenke

i Wie viele Geschenke können Sie finden? Wir haben 16 Geschenke gefunden.

S	C	H	S	C	H	A	L	L	K
C	H	A	M	P	A	G	N	E	R
H	U	N	D	A	B	I	L	D	A
I	H	D	E	R	P	A	A	E	W
R	R	S	M	F	F	M	C	R	A
M	P	C	D	Ü	L	E	K	J	T
A	U	H	A	M	A	R	E	A	T
B	L	U	M	E	N	A	N	C	E
A	L	H	U	T	Z	S	E	K	T
M	I	E	C	R	E	M	E	E	R

ii Sind die Nomen *männlich, weiblich, sächlich* oder stehen sie im *Plural*? Ordnen Sie zu.

männlich	weiblich	sächlich	Plural
Schal			

Grammatik

Indirektes Objekt

Das indirekte Objekt steht im *Dativ*:

Er schenkt *dem Mann* einen Krimi. *(m)*
Sie kauft *der Tochter* ein T-Shirt. *(f)*
Sie kaufen *dem Kind* ein Eis. *(nt)*
Sie schenken *den Leuten* ein Buch. *(pl)*

Pronomen:

er → ihm	Er schenkt *ihm* einen Krimi. *(m)*
sie → ihr	Sie kauft *ihr* ein T-Shirt. *(f)*
es → ihm	Sie kaufen *ihm* ein Eis. *(nt)*
sie → ihnen	Sie schenken *ihnen* ein Buch. *(pl)*

Achtung!

Das *indirekte Objekt* (Dativ) steht meistens <u>vor</u> dem *direkten Objekt* (Akkusativ):

	(Indirekt/Dativ)	(Direkt/*Akkusativ*)
Wir kaufen	*den Kindern*	ein Eis.
Wir kaufen	*ihnen*	ein Eis.

I Was kann man den Leuten schenken?

Wählen Sie für jede Person (a–g) ein Geschenk aus der Box. Benutzen Sie die Pronomen *ihm, ihr, ihnen*.

> ein Abonnement für die Oper – eine Schachtel Pralinen – einen Besuch in einem Wellnesscenter – ~~eine Krawatte von Hugo Boss~~ – eine Espressomaschine – zehn rote Rosen – einen Kurztrip nach Paris – ein Fußballtrikot von Manchester United

Beispiel

Marco findet Mode wichtig, trägt gern Anzüge. → Man kann ihm eine Krawatte von Hugo Boss schenken.

a Marion mag Blumen, ist sehr romantisch.

Man kann *ihr* _____

b Hakan ist ein großer Fußball-Fan, mag englischen Fußball.
Man kann

_____

c Cornelia liebt Wagner und Mozart.

_____

d Stefan und Dagmar reisen gern, mögen beide große Städte.

_____

e Robin isst gern Süßigkeiten.

_____

f Annett ist sehr gestresst, bei der Arbeit gibt es viel zu tun.

_____

g Kathrin und Jörg haben eine neue Wohnung, sie trinken beide gern Kaffee.

_____

2 Wie heißt es richtig?

Ordnen Sie die folgenden Sätze. Beginnen Sie mit dem Wort, das unterstrichen ist.

Beispiel
der Frau / bringt / Sie / Blumen mit. →
Sie bringt der Frau Blumen mit.

a seiner Mutter / schenkt / ein Bild / Peter

b geschenkt / Sie / eine Flasche Champagner / ihren Freunden / haben

c ein neues Handy / haben / gekauft / unserem Sohn / Wir

d ein Geschenk / Hast / zum Geburtstag / gekauft? / du / deiner Schwester

e unserer Tochter / haben / Wir / geschenkt / ein Auto

f haben / eine schöne Lampe / Fabian und Karin / geschenkt / wir

g eine SMS / geschrieben? / du / den Kindern / Hast

h ein wunderbares Essen / bezahlt /mir / Mein Großvater / hat / in einem teuren Restaurant

Mehr Vokabeln

Mehr Feiern
der Muttertag (-e)
der Vatertag (-e)
die Konfirmation (-en)
die Erstkommunion (-en)
die Silberne Hochzeit (-en)
die Goldene Hochzeit (-en)

Abschnitt D

Übungen

1 Was gibt es alles im Kaufhaus?

Bitte ordnen Sie zu.

die Beauty Lounge – Young Fashion – die Umkleidekabine – ~~die Kasse~~ – die Lebensmittelabteilung – der Ticketshop – der/die Verkäufer/in – die Damenabteilung – der Geldautomat – die Herrenabteilung

a Dort kann man bezahlen:
die Kasse

b Er/Sie kann Kunden etwas empfehlen:

_____

c Hier kann man T-Shirts, Blusen, Hosen etc. anziehen:

_____

d Hier findet man Kleidung für Frauen:

_____

e Hier gibt es zum Beispiel Gesichtsmassagen:

_____

f Hier kann man mit seiner Karte Geld bekommen:

_____

g Hier kann man zum Beispiel Karten für ein Konzert kaufen:

_____

h Hier gibt es Kleidung für jüngere Leute:

_____

i Hier bekommt man Kleidung für Männer:

_____

j Hier bekommt man Brot, Obst, Käse etc.:

_____

2 Ich suche ein Buch

Ergänzen Sie bitte den Dialog.

> meinen – gelesen – Krimis – nehme
> – empfehlen (x2) – beliebt – ~~helfen~~ –
> spannender – kostet – deutschen – liest

Verkäufer	Guten Tag. Kann ich Ihnen **1** helfen?
Leonie	Guten Tag. Ich suche ein Buch für **2**_____ Freund.
Verkäufer	Ja, was für Bücher **3**_____ er gern?
Leonie	Er liest sehr gern **4**_____. Können Sie mir etwas **5**_____?
Verkäufer	Die Wallander-Krimis von Henning Mankell sind natürlich sehr **6**_____.
Leonie	Ach, nein. Er hat schon alle Krimis von Henning Mankell **7**_____.
Verkäufer	Oder vielleicht möchten Sie ein Buch von einem **8**_____ Schriftsteller?
Leonie	Gute Idee! Können Sie bitte einen deutschen Krimi **9**_____?
Verkäufer	Ja, gerne. Hier habe ich _Schwarzes Fieber_ von Wolfgang Burger. Das ist ein sehr **10**_____ Krimi.
Leonie	Wunderbar. Was **11**_____ er denn?
Verkäufer	12,99 als Taschenbuch.
Leonie	Gut, dann **12**_____ ich das Buch. Vielen Dank für die Empfehlung.

Grammatik

Der Dativ

Alle Pronomen im Dativ:

ich → _mir_	wir → _uns_
du → _dir_	ihr → _euch_
Sie → _Ihnen_	Sie → _Ihnen_
er/es → _ihm_	sie → _ihnen_
sie → _ihr_	

Nicht vergessen! Man braucht den Dativ:

1 Mit _Präpositionen_ (zum Beispiel **mit, von, zu**; manchmal **in, auf** etc.*)
2 Für das _indirekte Objekt_
3 Mit bestimmten Konstruktionen und _Verben_ (zum Beispiel **helfen, gefallen**).

* Siehe Lektion 7, Seite 64, Grammatik.

1 _Dir, euch, Ihnen_ etc.?

Beantworten Sie die Fragen.

Beispiel
Wie geht es dir? →
Danke, _mir_ geht es prima.

a Wie geht es Marion?
_____ geht es ausgezeichnet.
b Wie geht es euch?
Danke, _____ geht es gut.
c Gefällt dir Berlin?
Ja, Berlin gefällt _____ gut.
d Gefällt euch London?
Ja, London gefällt _____ gut.
e Gefällt Peter sein neuer Job?
Nein, sein neuer Job gefällt _____ nicht.
f Gefällt Maria und Tim die neue Wohnung?
Ja, die neue Wohnung gefällt _____ gut.

g Können Sie mir ein Handy empfehlen?

Ja, natürlich kann ich _____ ein Handy empfehlen.

h Kannst du mir helfen?

Ja, natürlich kann ich _____ helfen.

i Könnt ihr uns helfen?

Na klar, wir helfen _____ gern.

Mehr Vokabeln

Mehr Verben mit dem Dativ	
antworten	Er hat *uns* nicht geantwortet.
danken	Ich danke *dir* für das nette Geschenk.
folgen	Ich folge *dem* Auto.
gehören	Dieses Buch gehört *mir* nicht.

Und zum Schluss

 Sprechen

Ein Interview. Was sagen Sie?

a Wie geht es Ihnen?

b Ist Mode wichtig für Sie?

c Was ziehen Sie normalerweise bei der Arbeit / an der Uni an?

d Was tragen Sie zu Hause?

e Was tragen Sie gern?

f Was tragen Sie nicht gern?

g Gibt es einen typischen Kleidungsstil in Ihrer Stadt?

h Haben Sie ein Lieblingslabel?

i Gibt es bekannte Modedesigner in Ihrem Land?

j Sie gehen auf eine Grillparty. Was ziehen Sie an?

k Sie gehen auf eine Hochzeit. Was tragen Sie?

l Ihr Freund Robert hat Geburtstag. Er hört gern klassische Musik und kocht gern. Was bringen Sie ihm mit?

m Ihre Freundin Claudia hat Geburtstag. Sie liebt Südamerika. Was bringen Sie ihr mit?

n Ihre neuen Nachbarn Elvira und Egbert machen eine Hauseinweihungsparty. Was bringen Sie ihnen mit?

o Wie finden Sie eigentlich Fish und Chips?

p Und wie finden Sie Benedict Cumberbatch?

q Gefällt Ihnen Ihre Arbeit / Ihr Studium?

r Gefällt Ihnen die deutsche Sprache?

s Eine Freundin, Miriam, möchte ein interessantes Buch lesen. Können Sie ihr ein Buch empfehlen?

t Ihr Kollege, Timo, sucht ein neues Smartphone. Können Sie ihm ein Modell empfehlen?

2 Lesen

Pro und Contra – Hochzeit ganz in Weiß?

Susanne V. (31):
Alte Traditionen sind gut

Bei meiner Hochzeit vor drei Jahren habe ich ein ganz traditionelles weißes Brautkleid getragen. In meinem Outfit habe ich mich wie eine Prinzessin gefühlt und viele Komplimente bekommen.

Weiß ist ja die Farbe der Hochzeit. Warum soll man den alten Traditionen nicht folgen? Mit einem bunten Kleid sieht die Braut nur wie die anderen weiblichen Hochzeitsgäste aus – obwohl sie ja die Hauptperson ist.

In Weiß haben schon meine Mutter, meine Oma und meine Urgroßmutter geheiratet. Das ist für mich und auch für viele andere Bräute eine Familientradition. Viele sagen, dass ihnen Weiß zu hart wäre. Dabei gibt es doch viele Nuancen dieser Farbe – von Creme bis Champagner.

Wenn ich mir heute meine Hochzeitsfotos anschaue, bin ich froh, dass ich ein weißes Kleid getragen habe. Sicherlich ist es ein kleiner Luxus, für einen einzigen Tag ein so extravagantes und teures Kleid zu kaufen. Auf der anderen Seite war es für mich ein unvergesslicher Tag.

Emma W. (25):
Erlaubt ist, was gefällt

Im Juni habe ich in einem roten Brautkleid geheiratet. Ich denke, dass eine Braut an ihrem Hochzeitstag das Recht hat, das zu tragen, was sie auch will.

Schon als kleines Mädchen wusste ich, dass Weiß nicht die Farbe ist, in der ich heiraten möchte. An ihrem Hochzeitstag sollte eine Braut sich wohl fühlen und ein Kleid tragen, das zu ihrem Typ passt. Symbolisch gesehen, finde ich Rot – die Farbe der Liebe – viel passender. In meinem dunkelroten Kleid habe ich mich auch sehr schick gefühlt.

Das war nicht nur mein persönlicher Geschmack. Weiße Brautkleider sind auch sehr unpraktisch. Man trägt sie meist nur einen einzigen Tag und dann nie wieder. Dafür gibt man sehr viel Geld aus. Ein andersfarbiges Kleid dagegen kann ich auch noch zu anderen Gelegenheiten anziehen.

Ich habe übrigens nichts gegen weiße Hochzeiten. Es gibt sicherlich Frauen, die toll in einem solchen Outfit aussehen. Daher sollte jede Frau tragen, was für sie das Richtige ist.

Wer denkt was?

Lesen Sie die Aussagen und schreiben Sie dann **S** (Susanne), **E** (Emma) oder **K** (Keine von beiden).

a An ihrem Hochzeitstag darf eine Braut das tragen, was sie will. **E**

b Weiß ist die richtige Farbe für eine Hochzeit.

c Die Braut ist die wichtigste Person an ihrem Hochzeitstag und sollte anders aussehen als die anderen Gäste.

d Eine Braut sollte ein Kleid tragen, das ihr gut steht.

e Rot als Farbe der Liebe ist eine gute Farbe für eine Hochzeit.

f Alle Frauen wissen schon als kleines Mädchen, dass sie in einem weißen Brautkleid heiraten möchten.

g Viele Frauen wollen der Familientradition folgen und in einem weißen Brautkleid heiraten.

h Weiß gibt es in vielen Nuancen.

i Weiße Brautkleider sind nicht sehr praktisch.

j Alle Frauen sehen in einem weißen Brautkleid toll aus.

11 | Urlaub, Wetter und Gesundheit

Abschnitt A

Übungen

1 Was für ein Urlaub ist das?

Ordnen Sie bitte zu.

> Wellnessurlaub – All-Inclusive-Urlaub – Kurzurlaub – Abenteuerurlaub – Erholungsurlaub – Skiurlaub – Aktivurlaub – ~~Strandurlaub~~ – Kultururlaub – Städtereise

a Ein Urlaub am Meer:
ein *Strandurlaub*.

b Man besucht zum Beispiel Paris oder Rom:
eine _____.

c Alles ist bezahlt, auch Essen und Trinken:
ein _____.

d Man bekommt zum Beispiel Aromamassagen, macht Joga etc.:
ein _____.

e Man macht gefährliche Sachen, zum Beispiel eine Safari:
ein _____.

f Ein Urlaub im Winter in den Bergen:
ein _____.

g Man macht sehr viel Sport:
ein _____.

h Man macht nicht viel, will relaxen:
ein _____.

i Man bleibt nicht lange, oft nur ein paar Tage:
ein _____.

j Man lernt viel über ein Land, eine Stadt etc.:
ein _____.

2 War der Urlaub gut (✓) oder schlecht (✗)?

a Das Wetter war eine Katastrophe. (✗)

b Nach dem Urlaub habe ich mich total fit gefühlt. (___)

c Die Pisten waren fantastisch. (___)

d Man konnte auch richtiges deutsches Bier kaufen. Das war super. (___)

e Der Strand war schmutzig und das Wasser zu kalt. (___)

f Das Hotel war zu teuer und die Leute waren unfreundlich. (___)

g Wir hatten tolles Wetter und haben viele interessante Sachen gemacht. (___)

3 Ein typischer Urlaubstag für Tina

Schreiben Sie, was Tina gemacht hat. Benutzen Sie das Perfekt.

a Ich *bin* um 9 Uhr *aufgestanden*. (aufstehen)

b Danach *bin* ich zum Strand _____. (gehen)

c Zuerst _____ ich im Meer _____. (schwimmen)

d Dann _____ ich lange in der Sonne _____. (liegen)

e Ich _____ mich sehr gut _____. (fühlen)

f Am Nachmittag _____ wir einen Ausflug _____. (machen)

g Wir _____ ein Museum _____.
(besuchen)

h Die Ausstellung _____ mir gut
_____. (gefallen)

i Abends _____ ich auf eine Party
_____. (gehen)

j Ich _____ viele Cocktails _____.
(trinken)

k Um 3 Uhr _____ ich _____.
(schlafen)

Wollen Sie das Perfekt wiederholen?
Sehen Sie Lektion 8, Seite 77, *Wichtige
unregelmäßige Verben.*

Grammatik

Präpositionen

Präpositionen mit Städten, Ländern etc:

Ich fahre *nach* Berlin. aber →   Ich bin *in* Berlin.
Ich fahre *nach* Polen.   Ich bin *in* Polen.
Ich fahre *nach* Mallorca.   Ich bin *auf* Mallorca.
Ich fahre *aufs* Land.   Ich bin *auf dem* Land.
Ich fahre *in die* Berge.   Ich bin *in den* Bergen.
Ich fahre *ans* Meer.   Ich bin *am* Meer.

Achtung!

1 Länder mit Artikel:
Ich fahre *in die* Schweiz, *in die* Türkei, *in die* USA. (Akkusativ)
Ich bin *in der* Schweiz, *in der* Türkei, *in den* USA. (Dativ)

2 Ausnahme! nach Hause – zu Hause
Ich gehe *nach* Hause.
Ich bin *zu* Hause.

Sehen Sie bitte Lektion 7, Seite 64, für *in/auf* + Akkusativ oder Dativ.

I Wie heißt es richtig?

Ergänzen Sie.

a Carola läuft gern Ski. Sie fährt *in die* Berge.

b Susi und Michaela machen eine Reise _____ Paris.

c Am Wochenende fährt Herr Schmücke oft _____ Land.

d Letztes Jahr haben sie einen Urlaub _____ Bergen gemacht.

e Dieses Jahr fahren sie _____ Meer.

f Nach der Arbeit geht Simone gleich _____ Hause.

g Bist du heute Abend _____ Hause?

h Fahrt ihr dieses Jahr _____ USA?

i Bist du schon einmal _____ Paris gewesen?

j Sebastian hat ein schönes Haus _____ Mallorca.

2 Eine WhatsApp-Message

Was fehlt? Ergänzen Sie.

freundlich – ans – nach – nach – kalt – Stadt – in – in – in die – gefallen

Edinburg, 18. August

Hallo Lena,
Ich mache dieses Jahr Urlaub 1_____
Schottland. Ich bin jetzt 2_____
Edinburg. Es ist eine fantastische 3_____.
Mir 4_____ besonders die Museen und
Kneipen hier. Und natürlich die Leute –
die Schotten – sind sehr 5_____.
Gestern habe ich einen
Ausflug 6_____ Meer gemacht. Das
Wasser war sehr 7_____, aber die
Landschaft ist einfach toll.
Morgen will ich 8_____ Berge fahren
und die Highlands sehen. Danach fahre
ich noch ein paar Tage 9_____ Glasgow.
Am 27. August fliege ich 10_____
Düsseldorf zurück.

Viele Grüße
dein Franky

Mehr Vokabeln

Mehr Urlaube

die Kreuzfahrt (-en) (Schiffreise)
der Zelturlaub (-e) / Campingurlaub (-e)
der Fahrradurlaub (-e)
der Urlaub auf dem Bauernhof

Abschnitt B

Übungen

I Wie heißen die Jahreszeiten?

a März, April, Mai: der Fr_ _ l _ _ g
b Juni, Juli, August: der S _ m _ er
c September, Oktober, November: der
   H _ _ _ st
d Dezember, Januar, Februar: der _ i n _ _ _

2 Welcher Satz (a–i) passt zu welchem Symbol (1–9)?

I *Die Sonne scheint.*

2 _____

3 _____

4 _____ **5** _____ **6** _____

7 _____ **8** _____ **9** _____.

a Es schneit.
b Es regnet.
c Es gibt leichte Schauer.
d Es ist windig.
e ~~Die Sonne scheint.~~

f Es ist neblig.
g Es ist bewölkt.
h Es ist teilweise bewölkt.
i Es gibt Gewitter.

Grammatik

Himmelsrichtungen – *Norden, Süden, Westen, Osten*

1 Man sagt:
in Norddeutschland   in Westdeutschland
in Süddeutschland   in Ostdeutschland

Es gibt auch:
in Nordwestdeutschland, in Nordostdeutschland, in Südwestdeutschland, in Südostdeutschland.

2 Aber:
im Norden   im Westen
im Süden   im Osten

Es gibt auch: im Nordwesten, im Nordosten, im Südwesten, im Südosten von Deutschland.

Beispiele
In Norddeutschland scheint die Sonne.
Im Norden von Deutschland scheint die Sonne.
In Südostdeutschland regnet es.
Im Südosten (von Deutschland) regnet es.

❙ Sagen Sie es anders!

Beispiel
In Süddeutschland ist es windig. →
Im Süden von Deutschland ist es windig.

a In Westdeutschland ist es neblig.
Im _____.

b In Ostdeutschland scheint die Sonne.

_____.

c In Norddeutschland beträgt die Tagestemperatur 24 Grad.

_____.

d In Nordwestdeutschland gibt es Gewitter.

_____.

e In Südwestdeutschland hat es gestern geschneit.

_____.

f In Nordspanien hat es Gewitter gegeben.

_____.

g In Südfrankreich sind es heute 35 Grad.

_____.

Mehr Vokabeln

Wetter

die Höchsttemperatur (-en)
die Tiefsttemperatur (-en)

der Niederschlag (¨e) – Es gibt Regen oder
              Schnee.

Es ist bedeckt. – Es ist stark bewölkt.
Es ist heiter. – Die Sonne scheint und es gibt
              keinen Regen.

Abschnitt C

Übungen

I Wie heißen die Sportarten?

Ordnen Sie zu.

Fahrradfahren – Surfen – Segeln –
Paragleiten – Bergsteigen – ~~Kanu und
Kajak~~ – Tauchen – Kampfsportarten –
Motorradfahren – Reiten – Golf – Wandern

 a   *Kanu und Kajak*

 b _____

 c _____

 d _____

e _____

 f _____

 g _____

 h _____

 i _____

 j _____

 k _____

l _____

2 Leben Sie gesund? Machen Sie genug Sport?

Ergänzen Sie, was die Leute sagen.

Bioladen – gesund – Freundin – Segeln –
mache – fit – Urlaub – Außerdem –
Gemüse – Tee – hole – arbeiten – aktiv –
Kampfsportarten – wichtig – Sauna

i Martina Antowic, 19, BWL-Studentin
Gesundheit ist sehr **1**_____
für mich. Ich **2**_____ Jiu-Jitsu
und gehe dreimal pro Woche zum Training.
3_____ wie Jiu-Jitsu oder
Taekwondo finde ich gut. Außerdem jogge ich
regelmäßig mit einer **4**_____. Ich
denke, dass ich sehr **5**_____ bin.
6_____ ernähre ich mich sehr gut.

Ich esse sehr viel Obst, **7**_____ und
Salat und kaufe viel im **8**_____ ein.
Ich trinke viel Wasser und **9**_____
und ich trinke sehr wenig Alkohol.

ii Carlo Teutmann, 36, Computerspezialist

In der Woche muss ich oft lange
I_____ und kann nicht so viel
Sport machen. Meistens gehe ich aber einmal
pro Woche schwimmen und danach in die
2_____. Leider esse ich nicht immer
3_____. Wenn ich abends spät nach
Hause komme, **4**_____ ich mir oft
einen Hamburger mit Pommes oder ein Gyros
vom Griechen. Am Wochenende bin ich aber
meistens sehr **5**_____. Oft fahre ich
mit meiner Partnerin zum **6**_____ auf
dem Starnberger See oder wir gehen wandern. Im
7_____ gehen wir auch Bergsteigen.

I Was passt am besten?

Verbinden Sie Satzteil A mit Satzteil B.

A
I   Wenn es warm ist,
2   Wenn dein Handy kaputt ist,
3   Wenn es regnet,
4   Wenn ich Urlaub habe,
5   Wenn du müde bist,
6   Wenn du Hunger hast,
7   Wenn du heute Zeit hast,
8   Wenn du nach Berlin kommst,

B
a   musst du ins Bett gehen.
b   kannst du bei mir wohnen.
c   brauchst du einen Regenschirm.
d   kannst du eine kurze Hose tragen.
e   können wir ins Kino gehen.
f   kannst du ein neues kaufen.
g   iss ein Brötchen.
h   fahre ich nach Italien.

2 Wenn-Sätze

Schreiben Sie wenn-Sätze.

Beispiel
Hoffentlich habe ich Zeit. Dann gehe ich auf die
Party. →
Wenn ich Zeit habe, gehe ich auf die Party.

Grammatik (I)

Wenn-Sätze

Bei wenn-Sätzen steht das Verb am Ende:

        (wenn)   (verb)
Es ist gesund, *wenn* man regelmäßig *joggt.*
Es ist auch gut, *wenn* man viel Wasser *trinkt.*

Achtung! Der Satz beginnt mit wenn:

Wenn es *regnet, fahre* ich mit dem Bus.
Wenn ich Zeit *habe, gehe* ich auf die Party.
Wenn du *möchtest, können* wir heute essen
gehen.

Wie wir sehen können, brauchen *wenn*-Sätze
immer ein Komma.

a   Hoffentlich regnet es morgen nicht. Dann
    gehen wir im Park spazieren.

_____

b   Hoffentlich arbeitest du morgen nicht
    so lange. Dann gehen wir zusammen ins
    Fitnesscenter.

_____

c   Hoffentlich hast du Hunger. Dann gehen wir gleich essen.

_____

d   Hoffentlich ist unser bester Spieler bald wieder fit. Dann gewinnen wir das Finale.

_____

e   Hoffentlich hast du morgen keine Zahnschmerzen mehr. Dann gehen wir zusammen shoppen.

_____

f   Hoffentlich bin ich bis morgen wieder gesund. Dann kann ich wieder arbeiten.

_____

g   Hoffentlich ist meine Freundin heute Abend zu Hause. Dann kann ich bei ihr essen.

_____

h   Hoffentlich ist das Wetter morgen schön. Dann gehen wir schwimmen.

_____

Grammatik (2)

> **Modalverben (2) – _dürfen, sollen, wollen_**
>
> **Modalverben sind unregelmäßig:**
>
> | ich | → | darf | soll | will |
> |---|---|---|---|---|
> | du | → | darfst | sollst | willst |
> | Sie | → | dürfen | sollen | wollen |
> | er/sie | → | darf | soll | will |
> | | | | | |
> | wir | → | dürfen | sollen | wollen |
> | ihr | → | dürft | sollt | wollt |
> | Sie/sie | → | dürfen | sollen | wollen |
>
> **Achtung! Etwas ist verboten: nicht + dürfen:**
>
> Hier dürfen Sie nicht fotografieren!
> Hier darfst du nicht rauchen!
>
> Mehr über die Modalverben _können, müssen, möchten_, siehe Lektion 6, Seite 57.

I Wie heißt es richtig?

Ergänzen Sie, bitte.

a   Mein Arzt sagt, ich _soll_ mehr schwimmen gehen. (sollen)

b   Was _____ ich machen? (sollen)

c   _____ du nicht morgen nach Hamburg fahren? (sollen)

d   Nächsten Monat _____ er mit einem Tanzkurs anfangen. (wollen)

e   Stefan und Andrea _____ im Sommer heiraten. (wollen)

f   _____ du heute Abend mit ins Kino kommen? (wollen)

g   Wo _____ er dieses Jahr Urlaub machen? (wollen)

h   _____ du eigentlich wieder Volleyball spielen? (dürfen)

i   Hier _____ man nicht rauchen. (dürfen)

j   _____ ich Sie fragen, wie alt Sie sind? (dürfen)

k   Kinder unter 16 Jahren _____ den Film nicht sehen. (dürfen)

l   _____ ihr schon alleine in die Stadt fahren? (dürfen)

Mehr Vokabeln

> **Gesundes Essen**
>
> der Spinat (-e)
> der Brokkoli (-)
> die Grapefruit (-s)
> die Quinoa (-s)
> die dunkle Schokolade (-n)
> das Vollkornbrot (-e)
> der, die oder das Jog(h)urt (-s/-e)
> der Smoothie (-s)

Abschnitt D

Übungen

1 Wie heißen die Körperteile?

Ergänzen Sie.

a der K _ p _
b das _ h _
c die _ _ s _
d die Z _ h _ e
e der M _ _ _
f das A u _ _
g der H a _ _
h der B _ _ _h
i die _ _ _ d
j das _ n _ _
k das _ e i _
l der F _ _

2 Wie heißen die Wörter im Plural?

Für Tipps, wie man den Plural bildet, sehen Sie bitte Lektion 10, Seite 97.

i Männliche Nomen

a der Arm → *die Arme*
b der Kopf → *die Köpfe*
c der Bauch → _____
d der Fuß → _____
e der Zahn → _____
f der Hals → _____
g der Mund → *die Münder*
h der Rücken → _____
i der Busen → *die Busen*
j der Finger → *die Finger*

ii Weibliche Nomen

a die Nase → *die Nasen*
b die Zehe → _____
c die Zunge → _____
d die Lippe → _____
e die Hand → _____

iii Sächliche Nomen

a das Haar → *die Haare*
b das Bein → *die Beine*
c das Knie → _____
d das Gesicht → _____
e das Auge → *die Augen*

3 Können Sie helfen?

Welcher Ratschlag (a–h) passt zu welchem Problem (1–8)?

Beispiel
1 = g

1 Ich habe seit ein paar Tagen Zahnschmerzen.
2 Ich bin oft müde und schlafe nur etwa fünf Stunden.
3 Mein Rücken ist verspannt und tut weh.
4 Ich verbringe viel Zeit vor dem Bildschirm und meine Augen tun oft weh.
5 Ich fühle mich oft gestresst.
6 Mein Hals tut weh.
7 Ich habe leichte Kopfschmerzen.
8 Ich habe Bauchschmerzen.

a Nehmen Sie doch eine oder zwei Aspirin.
b Trinken Sie einen Kamillentee.
c Machen Sie alle 50 Minuten eine kurze Pause.
d Sie müssen mehr schlafen.
e Sie brauchen ein paar Massagen.
f Gehen Sie doch zu einem Yogakurs.
g Gehen Sie schnell zum Zahnarzt.
h Nehmen Sie ein paar Halstabletten.

Grammatik

> **Das Verb *wehtun***
>
> **Das Verb *wehtun* ist trennbar:**
>
> 1 Im Singular sagt man:
>   Mein Kopf *tut weh*.
>   Mein Hals *tut* seit drei Wochen *weh*.
>
> 2 Im Plural sagt man:
>   Meine Beine *tun weh*.
>   Meine Augen *tun* schon ein paar Tage *weh*.
>
> **Achtung! Im Perfekt sagt man:**
> Mein Kopf hat wehgetan.
> Meine Augen haben wehgetan.

I Sagen Sie es anders!

Beispiel
Mein Bauch tut weh.
Ich habe Bauchschmerzen.

a Mein Hals tut weh.

  _____

b Meine Ohren tun weh.

  _____

c Mein Knie tut weh.

  _____

d Mein Bein tut weh.

  _____

e Mein Rücken tut weh.

  _____

f Mein Kopf tut weh.

  _____

g Meine Augen tun weh.

  _____

h Mein Zahn tut weh.

  _____

Mehr Vokabeln

> **Körperteile**
>
> das Kinn (-e)
> die Augenbraue (-n)
> der Oberarm (-e)
> der Unterarm (-e)
> der Meniskus (-se)

Und zum Schluss

 I Sprechen

a Treiben Sie Sport?

b Wie oft treiben Sie Sport?

c Welchen Sport machen Sie gern?

d Welchen Sport machen Sie nicht gern?

e Gehen Sie in ein Fitnesscenter? Wenn ja – wie oft gehen Sie? Wie lange dauert Ihre Session normalerweise? Was für Übungen machen Sie?

f Dürfen Sie im Moment jeden Sport treiben oder dürfen Sie etwas nicht machen?

g Essen Sie gesund?

h Essen Sie viel Gemüse?

i Dürfen Sie vielleicht etwas nicht essen?

j Trinken Sie viel Wasser am Tag?

k Wie viele Stunden schlafen Sie pro Nacht?

l Ist das genug?

m Haben Sie eine Fitnesswatch?

n Denken Sie, dass Leute heute mehr für ihre Gesundheit machen?

o Erzählen Sie über Ihren letzten Urlaub. Wo waren Sie?

p Was für eine Art Urlaub war es?

q Wo haben Sie gewohnt?

r Wie lange sind Sie geblieben?

s Was haben Sie gemacht?

t Wie war das Wetter?

u Hat es Ihnen gefallen?

v Wohin wollen Sie das nächste Mal fahren?

2 Lesen

Lebst du gesund?

Wolltest du schon immer wissen, ob du gesund lebst? Mach diesen Test und du weißt es!

Frage 1: Rauchst du?

a Ich rauche nie.

b Ich rauche selten.

c Ich rauche täglich.

Frage 2: Wo lebst du?

a Auf dem Land.

b In einer kleineren Stadt.

c In einer Großstadt.

Frage 3: Treibst du Sport?

a Jeden Tag!

b Etwa einmal in der Woche.

c Nie.

Frage 4: Wie lange schläfst du normalerweise pro Nacht?

a Mehr als 6 Stunden.

b 5–6 Stunden.

c 4–5 Stunden.

Frage 5: Wie fühlst du dich am Arbeitsplatz?

a Ich fühle mich sehr wohl am Arbeitsplatz und die Arbeit macht mir Spaß.

b Ich habe ab und zu Stress, aber sonst gefällt mir die Arbeit.

c Ich fühle mich oft gestresst bei der Arbeit.

Frage 6: Wie würdest du dich selbst beschreiben?

a Ich bin total relaxed und meistens ganz ruhig.

b Manchmal werde ich ärgerlich, bin sonst aber ganz ok.

c Ich bin oft nervös und schreie manchmal andere Leute an.

Frage 7: Thema: Alkohol

a Ich trinke nie Alkohol.

b Ich trinke eigentlich nur am Wochenende vielleicht ein Glas Bier.

c Ich brauche täglich drei Flaschen Bier oder eine halbe Flasche Wein.

Frage 8: Meine Figur

a Ich bin ganz zufrieden mit meiner Figur, bin nicht zu dick und nicht zu dünn.

b Ich habe schon ein paar Kilos zu viel drauf.

c Ich möchte schon lange abnehmen, kann es aber nicht.

Frage 9: Thema: Süßigkeiten

a Schokolade und andere Süßigkeiten mag ich nicht so sehr.

b Ich esse alle 2–3 Tage etwas Süßes.

c Schokolade oder andere Süssigkeiten gehören bei mir zum Alltag.

Frage 10: Hast du Hobbys?

a Ja, ein Hobby ist sehr wichtig für mich.

b Wenn ich frei habe, gehe ich ab und zu einer Freizeitbeschäftigung nach.

c In meiner Freizeit weiß ich oft nicht, was ich tun soll und es ist mir langweilig.

Wie viele Punkte hast du?
Antwort a: 10 Punkte; Antwort b: 5 Punkte; Antwort c: 0 Punkte

Gesamtzahlen 100–70 Punkte: Dein Lebensstil ist sehr gesund. 69–40 Punkte: Dein Lebensstil ist nicht besonders gesund, aber auch nicht schlecht. 39–0 Punkte: Dein Lebensstil ist ungesund / sehr ungesund!

12 | Das Leben in Deutschland

Abschnitt A

Übungen

1 Was sagt man am Telefon?

Verbinden Sie Teil A mit Teil B.

A	B
1 Hallo, Marion. Wie geht	**a** Herrn Vandermann?
2 Guten Tag. Kann ich bitte	**b** Kazim heute im Büro?
3 Hallo, Marc. Bist	**c** es dir?
4 Guten Tag. Ist Frau	**d** mich bitte zurück?
5 Hallo, Paula. Hast du	**e** mit Frau Medick sprechen?
6 Hallo, Tim. Ist Stefanie	**f** da?
7 Guten Tag. Spreche ich mit	**g** du es?
8 Guten Tag. Ist das die	**h** Touristeninformation?
9 Hallo, Matthias. Rufst du	**i** einen Moment Zeit?

2 Welches Wort passt am besten?

Apparat – da – ~~sprechen~~ – Büro –
zurückrufen – verbinde – Wiederhören
– Nachricht – besetzt – ausrichten

a Ich möchte bitte mit Frau Weber *sprechen*.

b Möchten Sie eine _____ hinterlassen?

c Ist Sabine _____.

d Kann sie mich bitte _____?

e Wie lange sind Sie heute im _____?

f Was soll ich ihr _____?

g Hallo, hier ist Monika Modemann am _____.

h Einen Moment. Ich _____.

i Die Leitung ist immer _____.

j Ich rufe später noch mal an. Auf _____.

3 Tim Weber von der Firma Grafiks & Co telefoniert mit Frau Philipps

Ordnen Sie den Dialog.

1	2	3	4	5	6	7	8	9	10	11	12
d											

a	Herr Weber	Alles klar, Sie können mich jederzeit anrufen. Ich bin im Büro.
b	Frau Philipps	Gut, vielen Dank. Bis später. Auf Wiederhören.
c	Frau Philipps	Das ist ausgezeichnet. Wann können Sie mir das Poster schicken?
d	Herr Weber	Guten Tag, Frau Philipps. Hier spricht Tim Weber von der Firma Grafiks & Co.
e	Frau Philipps	Na ja, im Moment haben wir sehr viel zu tun. Aber mir geht's sehr gut, danke.
f	Frau Philipps	Guten Tag, Herr Weber. Wie geht es Ihnen?
g	Frau Philipps	Ja, das ist eine gute Idee.
h	Herr Weber	Frau Philipps, wir haben das neue Poster für Sie fertig.
i	Frau Philipps	Danke, ich sehe es mir an und ich gebe Ihnen danach Feedback.
j	Herr Weber	Danke, gut. Und Ihnen?
k	Herr Weber	Wenn Sie möchten, kann ich es Ihnen gleich per E-Mail schicken.
l	Herr Weber	Gut, dann mache ich das.

Grammatik

Schwache Nomen (weak nouns)

Ein paar Nomen brauchen im Akkusativ und Dativ ein -(e)n:

Nominativ:	Ist das Herr Matussek?
Akkusativ:	Kennen Sie Herrn Matussek?
Dativ:	Ich spreche mit Herrn Matussek.

Nominativ:	Er ist Student.
Akkusativ:	Kennen Sie den Studenten?
Dativ:	Er hilft dem Studenten.

Achtung!

1 Andere schwachen Nomen: der Architekt, der Junge, der Name, der Mensch, der Tourist.

2 Tipp: Es gibt nur männliche schwache Nomen. Ausnahme – das Herz: Er hat Probleme mit dem Herzen.

1 Schwache Nomen

Braucht man eine Endung oder nicht?

Beispiel
Mario ist Student__. (✗)
Er spricht mit dem Studenten. (✓)

a Peter ist Architekt__. (__)
b Er arbeitet mit einem anderen Architekt__ zusammen. (__)
c Wie ist dein Name__? (__)
d Bitte sagen Sie Ihren Name__. (__)
e Haben Sie Herr__ Berger gesehen? (__)
f Guten Tag, Herr__ Berger. (__)
g Er ist ein Tourist__ aus Bayern. (__)
h Können Sie bitte dem Tourist__ helfen? (__)
i Kennst du den Student__? (__)
j Bist du Student__? (__)
k Sie haben zwei Kinder: ein Mädchen und einen Junge__. (__)
l Der Junge__ spielt im Park Fußball. (__)

Mehr Vokabeln

Telefonieren

das Mobiltelefon (-e)
das Festnetz (-e)
der Handytarif (-e)
die Flatrate (-s)
die Roaming-Gebühr (-en)

Abschnitt B

Übungen

I Lebenslauf

Welches Wort passt am besten? Ordnen Sie bitte zu.

> Realschulabschluss – Werdegang – Abitur – Gymnasium – Praktikum – ~~Grundschule~~ – Besondere Kenntnisse – Lehre

a Am Anfang gehen alle Kinder in diese Schule: die *Grundschule.*

b Wenn man einen Beruf lernt, zum Beispiel Bäcker oder Automechaniker:

die _____.

c Wenn man an der Universität studieren möchte, geht man meistens auf diese Schule:

das _____.

d Man bekommt diesen Abschluss, wenn man die Realschule besucht:

den _____.

e Man braucht normalerweise diesen Abschluss, wenn man studieren will:

das _____.

f Wenn man für kurze Zeit während der Schule oder der Universität arbeitet:

das _____.

g Der Lebenslauf zwischen Grundschule und was man jetzt macht:

der _____.

h Wenn man zum Beispiel Fremdsprachen spricht oder gut mit dem Computer arbeiten kann:

_____.

2 Welches Wort passt nicht?

a Nationalität: *deutsch, spanisch, ~~Franzose~~, polnisch*

b Familienstand: *verheiratet, ledig, arbeitslos, geschieden*

c Schule: *Gymnasium, Grundschule, Universität, Realschule*

d Schulabschluss: *Abitur, Lehre, Realschulabschluss*

e Lehre: *Bankkauffrau, Tischlerin, Bäckerin, Lehrerin*

f Studium: *Geschichte, Journalistik, Automechaniker, BWL*

g Beruf: *Student, Journalist, Designer, Arzt*

h Besondere Kenntnisse: *Englisch fließend, gute Chancen, gute Chinesischkenntnisse, gute Computerkenntnisse*

3 Marcus Hirschmann erzählt über sein Leben

Setzen Sie die Verben ins Perfekt.

a Von 2000 bis 2004 *bin* ich in Hannover in die Grundschule *gegangen.* (gehen)

b 2004 *sind* meine Eltern nach Stuttgart _____. (ziehen)

c Dort _____ ich dann das Goethe-Gymnasium _____. (besuchen)

d 2013 _____ ich das Abitur _____. (machen)

e Nach der Schule _____ ich gleich mit dem Studium _____. (anfangen)

f Von 2013 bis 2016 _____ ich BWL in Heidelberg _____. (studieren)

g Im Sommersemester 2015 _____ ich für ein halbes Jahr als Austauschstudent in den USA _____. (sein)

h Dort _____ ich sehr gut Englisch _____. (lernen)

i Nach meinem Bachelor im Jahre 2016 _____ ich gleich eine Arbeit bei einer multinationalen Bank in Frankfurt _____. (finden)

Grammatik

Präpositionen

1 Präpositionen und Zeit
vor — *Vor* dem Essen soll man die Hände waschen.
nach — *Nach* der Schule habe ich studiert.
seit — *Seit* einem Jahr lebe ich in Berlin.
von ... bis ... — *Von* 2007 *bis* 2009 hat sie in Wien gearbeitet.

2 Präpositionen und Schule/Uni
Schule — Ich gehe *in* die Schule.
Gymnasium — Ich gehe *aufs* Gymnasium.
Universität — Ich studiere *an* der Universität.

Achtung!
1 *vor, nach, seit* + Dativ
vor de*m* Essen ... (das Essen), nach de*r* Schule ... (die Schule), seit eine*m* Jahr ... (das Jahr)
2 *in, auf, an* + Akkusativ oder Dativ
Sehen Sie bitte Lektion 7, Seite 64.

Tipp: Für Präpositionen mit Städten, Ländern etc., sehen Sie Lektion 11, Seite 107.

1 Zwei Porträts

Ergänzen Sie, bitte.

> Von – auf – Nach – nach – nach – bei – bei – Seit – seit – ~~in~~ – in – in – in – in – in – in – an – bis

i Konrad Bayer, Ingenieur, lebt in München
Er ist 1967 **1** *in* Berlin geboren. Dort ist er auch **2**_____ die Grundschule und dann **3**_____ die Realschule gegangen. Gleich **4**_____ der Schule hat er eine Lehre **5**_____ Siemens angefangen. Anschließend hat er eine Arbeit

6_____ München gefunden und ist **7**_____ München gezogen. Er lebt nun **8**_____ mehr als 30 Jahren **9**_____ München.

ii Magda Cernak, lebt und arbeitet in London
Sie ist 1996 **1**_____ Wuppertal geboren. **2**_____ 2002 **3**_____ 2006 ist sie **4**_____ die Grundschule und dann **5**_____ das Albert-Einstein-Gymnasium gegangen. **6**_____ dem Abitur ist sie **7**_____ London gezogen und hat dort **8**_____ der University of Westminster studiert. **9**_____ 2017 arbeitet sie **10**_____ Amnesty International.

2 Was haben Sie gemacht?

Beantworten Sie die Fragen. Benutzen Sie die Informationen in den Klammern.

a Wann sind Sie geboren? (1994)
Ich bin 1994 geboren.
b Wo sind Sie geboren? (in Hamburg)
_____
c Wann sind Sie in die Grundschule gegangen? (mit 6 Jahren)
_____
d Was haben Sie nach der Grundschule gemacht? (aufs Gymnasium wechseln)
_____
e Haben Sie Abitur gemacht? (ja, 2013)
_____
f Was haben Sie nach dem Abitur gemacht? (6 Monate in den USA leben)
_____
g Haben Sie studiert? (ja, Informatik in Aachen)
_____
h Wann haben Sie Ihren Abschluss gemacht? (2017)
_____
i Wo arbeiten Sie im Moment? (seit 2018 bei RTL in Hamburg)
_____

Mehr Vokabeln

Lebenslauf

in der Schule	ein Schüler/eine Schülerin
in der Lehre	ein Azubi/eine Azubi (ein Auszubildender/eine Auszubildende)
an der Uni	ein Student/eine Studentin
im Praktikum	ein Praktikant/eine Praktikantin

Abschnitt C

Übungen

1 Puzzle – Thema: Deutschland, Österreich, Schweiz

Finden Sie die Länder- und Städtenamen im Puzzle. Die meisten Namen sind bekannt; ein paar Namen sind nicht so bekannt. Wir haben 25 gefunden.

S	H	A	D	S	W	Ö	H	A	L	L	E	B	U
A	A	N	R	C	O	S	Ü	D	T	I	R	O	L
L	M	Ü	E	H	R	T	N	J	E	N	A	N	M
Z	B	R	S	W	M	E	G	R	A	Z	I	N	T
B	U	N	D	E	S	R	E	P	U	B	L	I	K
U	R	B	E	I	B	R	E	M	E	N	K	L	Ö
R	G	E	N	Z	E	E	B	E	R	L	I	N	L
G	E	R	A	N	R	I	T	B	A	Y	E	R	N
B	I	G	M	Ü	N	C	H	E	N	S	L	O	I
A	Z	Ü	R	I	C	H	W	I	E	N	T	A	N

2 Deutschland, Österreich und die Schweiz

Ergänzen Sie den Text.

Bekannt – Hauptstadt – Regionen – Städte – Muttersprache – Arzneimittel – Gesellschaft – Einwohner – Wiedervereinigung – Sehenswürdigkeiten – Ausländer – Ländern

In Deutschland, Österreich und der deutschen Schweiz spricht man Deutsch als **1** *Muttersprache*. Man spricht Deutsch aber auch in anderen **2**_____ und Provinzen, zum Beispiel in Südtirol, Italien.

Von den drei **3**_____ ist die Schweiz am kleinsten. Die **4**_____ ist Bern. **5**_____ ist die Schweiz für ihre Berge, Uhren und **6**_____.

Österreich hat 8,7 Millionen
7_____. Die Hauptstadt ist Wien.
Dort gibt es viele **8**_____, wie
zum Beispiel das Schloss Schönbrunn oder die
Hofburg.

Seit der **9**_____ 1989 ist Berlin die

Hauptstadt von Deutschland. Bekannte
10_____ in Deutschland sind auch
Hamburg, München und Frankfurt. In
Deutschland leben sehr viele
11_____. Deutschland ist schon
längst eine multikulturelle
12_____.

3 Mehr über Deutschland

Deutschland liegt in der Mitte von Europa. Es ist ein föderalistisches Land und hat
16 Bundesländer. Sehen Sie sich bitte die
Karte an und beantworten Sie die Fragen.

a Wie viele Nachbarländer hat Deutschland?
b Wie heißen die Nachbarländer?
c Wie heißen die drei Bundesländer im Norden?
d Wie heißen die zwei Bundesländer im Süden?
e Welches Bundesland ist am größten?
f Wie heißt die Hauptstadt von Niedersachsen?
g Wie heißt die Hauptstadt von Bayern?
h In welchem Bundesland liegt Frankfurt am Main?
i In welchem Bundesland liegt Köln?
j Welcher Fluss fließt durch Hamburg?
k Welcher Fluss fließt durch Köln?
l Wie heißen die zwei Meere im Norden?
m Wie heißt das Gebirge im Süden?

1	Dänemark	6	die Schweiz
2	die Niederlande	7	Österreich
3	Belgien	8	die Tschechische Republik
4	Luxemburg	9	Polen
5	Frankreich		

Grammatik

Dass-Sätze

Bei *dass*-Sätzen steht das Verb am Ende:

Ich denke, *dass* er morgen *kommt*.
Ich glaube, *dass* Bern die Hauptstadt von der Schweiz *ist*.

Wenn es zwei Verben gibt, steht oft ein Hilfsverb wie *haben/sein* oder ein *Modalverb* am Ende:
Ich glaube, *dass* Boris in Berlin gewohnt *hat*.
Ich denke, *dass* er gut schwimmen *kann*.

Achtung!
Vor *dass* steht immer ein Komma.

I Was denken die Leute?

Sagen Sie es komplizierter. Benutzen Sie *dass*.

a Ich denke, Berlin ist eine interessante Stadt.
Ich denke, dass Berlin eine interessante Stadt ist.

b Viele Leute glauben, die Deutschen haben keinen Humor.
Viele Leute glauben, dass _____
_____.

c Peter denkt, viele Leute in Österreich sind konservativ.
Peter denkt, dass _____
_____.

d Viele Leute denken, ein wenig Alkohol ist gut für die Gesundheit.
Viele Leute denken, _____
_____.

e Ich glaube, morgen scheint die Sonne.
_____

f Svenja sagt, sie will mehr Sport machen.
_____

g Corinna sagt, sie hat früher in Barcelona gelebt.
_____

h Jörg denkt, man kann in Bayern gut Urlaub machen.
_____

2 Was denken Sie?

Beantworten Sie die Fragen mit entweder *Ja, ...* oder *Nein, ...* Benutzen Sie *dass*. Schreiben Sie zuerst und sprechen Sie dann.

Beispiel
Denken Sie, dass die Schweiz ein teures Land ist? →
Ja, ich denke, dass die Schweiz ein teures Land ist. /
Nein, ich denke nicht, dass die Schweiz ein teures Land ist.

a Denken Sie, dass die Deutschen viel Bier trinken?
_____

b Glauben Sie, dass *Harry Potter* ein gutes Buch ist?
_____

c Glauben Sie, dass Kate Winslet eine gute Schauspielerin ist?
_____

d Glauben Sie, dass Sie gesund leben?
_____

e Denken Sie, dass Menschen heute gesünder leben als früher?
_____

f Denken Sie, dass man in Deutschland viel für die Umwelt tut?
_____

g Denken Sie, dass Deutsch eine schwere Sprache ist?
_____

h Glauben Sie, dass Berlin eine interessante Stadt ist?
_____

Mehr Vokabeln

> ### Die 16 Bundesländer
>
> Baden-Württemberg
> Bayern
> Berlin
> Brandenburg
> Bremen
> Hamburg
> Hessen
> Mecklenburg-Vorpommern
> Niedersachsen
> Nordrhein-Westfalen
> Rheinland-Pfalz
> Saarland
> Sachsen
> Sachsen-Anhalt
> Schleswig-Holstein
> Thüringen

Abschnitt D

Übungen

1 Wie heißen die Wörter?

a Die Sprache, die man als Kind lernt:
die M_ t_erspra_he.

b Eine andere Sprache, die man lernt:
die Fr_mdsp_ _ che.

c Die Regeln in einer Sprache:
die Gra_ mati _.

d Die vier *Fertigkeiten*:
Lesen, Hören, Schr_ _ben, Spr_chen.

e Der, die, das:
die _r_ik_ _.

f Alle Nomen haben einen großen Buchstaben:
die Gr_ßschreib_ng.

g Ist heute die Weltsprache Nummer 1:
E_gl_s_h.

h Wo man Deutsch lernen kann:
in einem _pra_h_urs.

2 Welches Wort passt?

> Possessivpronomen – Adjektive – Nomen –
> trennbare Verben – Präpositionen – Artikel –
> Geschlecht – Personalpronomen –
> Konjunktionen – Modalverben

a *Personalpronomen*: ich, du, er, sie, es, wir etc.

b _____: der, die, das

c _____: anfangen, aufstehen,
einkaufen etc.

d _____: können, müssen,
sollen, dürfen, wollen

e _____: in, an, auf, mit, von,
zu etc.

f _____: männlich, weiblich,
sächlich

g _____: Telefonnummer,
Auto, Philosophie
etc.

h _____: groß, klein, schön,
neu etc.

i _____: mein, dein, Ihre,
unsere etc.

j _____: und, denn, wenn,
dass etc.

3 Ist Deutsch einfach (✓) oder schwierig (✗)?

Was meinen die Leute?

a Im Englischen gibt es kein ö, ü oder ä und
es gibt auch nur einen Artikel. Die deutsche
Sprache hat aber drei Artikel (der, die, das). (✗)

b In der deutschen Alltagssprache braucht man
eigentlich nur zwei Zeitformen – das Präsens
und das Perfekt. Das ist super. (___)

c Das Geschlecht eines deutschen Wortes ist
nicht immer logisch. Zum Beispiel: *die Tür*.
Warum ist *Tür* weiblich? (___)

d Die deutsche Grammatik ist schon wirklich

kompliziert. Es gibt zu viele Regeln. (__)

e Die Wortstellung ist sehr flexibel und einfacher als im Englischen. Zum Beispiel: Ich fahre mit dem Bus zur Arbeit. / Mit dem Bus fahre ich zur Arbeit. / Zur Arbeit fahre ich mit dem Bus. (__)

f Für das Geschlecht eines Nomens gibt es oft Regeln. Wörter auf -*ung* sind zum Beispiel weiblich, wie *die Zeitung*. (__)

Grammatik

Konjunktionen

Es gibt zwei Hauptgruppen von Konjunktionen:

1 *und, aber, oder, denn, sondern*
Bei diesen Konjunktionen ist das Verb das 2. Element:

0   1   2

Er kommt aus Leipzig, *aber* er *wohnt* in Wien.
Er fährt mit dem Bus, *denn* es *ist* billiger.

2 Konjunktionen wie *wenn* und *dass*
Bei diesen Konjunktionen geht das Verb ans Ende:

Es ist gesund, wenn man regelmäßig *joggt*.
Ich denke, dass Englisch die Weltsprache *ist*.

Andere Konjunktionen wie *wenn* und *dass* sind *weil* (because) und *obwohl* (although):

Ich lerne Deutsch, *weil* ich oft nach Berlin *fahre*.
Er beantwortet die E-Mails, *obwohl* er nicht im Büro *ist*.

Wenn es zwei Verben gibt, steht ein *Hilfsverb* wie *haben/sein* oder ein *Modalverb* am Ende:

Ich denke, dass sie früher bei Puma gearbeitet *hat*.
Er lernt Deutsch, weil er in Hamburg leben *will*.

1 Konjunktionen

Ergänzen Sie.

> obwohl – wenn – und – aber – oder – weil – denn – dass

a Die meisten Leute sind nett _____ helfen mir.

b Deutsch ist nicht so schwer, _____ es gibt viele Regeln.

c Ich bin zwar nicht perfekt, _____ ich kann fast alles verstehen.

d Man kann Deutsch schnell lernen, _____ man jeden Tag lernt.

e Sie spricht nicht so viel Spanisch, _____ ihre Eltern aus Spanien kommen.

f Geht er in eine Sprachschule _____ macht er einen Onlinekurs?

g Viele Leute denken, _____ Fremdsprachen heute sehr wichtig sind.

h Er lernt jetzt Deutsch, _____ er in Berlin studieren möchte.

2 Warum lernen die Leute Deutsch?

Benutzen Sie *weil*.

Beispiel
Sharan – ihr Partner kommt aus Zürich. →
Sharan lernt Deutsch, weil ihr Partner aus Zürich kommt.

i
a Paul – er fährt oft geschäftlich nach Frankfurt.
Paul lernt Deutsch, weil er

_____.

b Susanna – sie liebt die Musik von Mozart und Beethoven.
Susanna lernt Deutsch, weil

_____.

c Richard – er lernt gern Sprachen.
Richard lernt Deutsch, _____.

d Carlo – es ist gut für seine Karriere.

_____

e Myriam – sie findet die deutsche Sprache sehr schön.

_____

f Magda – sie möchte in Österreich arbeiten.

_____

g Blanca und Robin – sie wollen in Deutschland Urlaub machen.

_____

ii
Und Sie? Warum lernen Sie Deutsch?

Und zum Schluss

 1 Sprechen

a Aus welchem Land kommen Sie?
b Wie viele Einwohner hat Ihr Land?
c Welche Sprache(n) spricht man dort?
d Wie heißt die Hauptstadt?
e Was für andere Städte gibt es?
f Wofür ist Ihr Land bekannt?
g Wo sind Sie geboren?
h Wann sind Sie geboren?
i Wo sind Sie in die Schule gegangen?
j Wann haben Sie Ihren Schulabschluss gemacht?
k Was haben Sie nach der Schule gemacht?
   Haben Sie eine Lehre gemacht?
   Haben Sie gleich studiert?
   Haben Sie gleich gearbeitet?
   Haben Sie etwas anderes gemacht?
l Was machen Sie im Moment? Studieren Sie? Arbeiten Sie?
m Wie lange lernen Sie schon Deutsch?
n Warum lernen Sie Deutsch?
o Glauben Sie, dass Deutsch eine schwere Sprache ist? Warum? Warum nicht?
p Sind Sie schon einmal in Deutschland, Österreich oder in der Schweiz gewesen?

q Möchten Sie Deutschland, Österreich oder die Schweiz bald besuchen? Welche Stadt oder Region möchten Sie besuchen und warum?

 2 Lesen

Text A – Südtirol

Lesen Sie den Text und beantworten Sie die Fragen auf der Seite 126.

> Südtirol ist die nördlichste Provinz Italiens und heißt offiziell Autonome Provinz Bozen. Zusammen mit der Provinz Trentino bildet Südtirol die autonome Region Trentino-Südtirol.
>
> Die Hauptstadt von Südtirol ist Bozen oder Bolzano, wie sie auf Italienisch heißt. Die Provinz hat etwa eine halbe Million Einwohner. Fast 70 Prozent der Einwohner sprechen Deutsch als Muttersprache. Ungefähr ein Viertel spricht als Muttersprache Italienisch und etwa 4 Prozent Ladinisch.
>
> Deutsch und Italienisch sind die offiziellen Sprachen oder „Amtssprachen" Südtirols. Ladinisch ist nur in einigen Landesteilen Amtssprache. Alle Mitarbeiter von öffentlichen Ämtern müssen Deutsch und Italienisch können. In Gemeinden mit ladinischer Bevölkerung müssen sie sogar drei Sprachen können.
>
> Auch wenn man Deutsch oder Ladinisch als Muttersprache hat, ist man Staatsbürger Italiens. In den letzten Jahren ist der Prozentsatz der muttersprachlich deutschen und ladinischen Menschen angestiegen. Der italienische Anteil ist dagegen leicht zurückgegangen.
>
> Im Westen grenzt Südtirol an den Kanton Graubünden in der Schweiz, im Norden und Osten an die österreichischen Bundesländer Tirol und Salzburg. Im Süden verläuft die Grenze zu den anderen italienischen Provinzen.
>
> Der bekannteste Übergang nach Österreich ist der Brennerpass, eine wichtige Nord-Süd-Verbindung über die Alpen. Wenn man ihn benutzt, muss man eine Maut bezahlen.

Sind die folgenden Aussagen richtig oder falsch? Korrigieren Sie die falschen Aussagen.

a Südtirol ist der offizielle Name für eine Region in Italien.

b Die Hauptstadt Südtirols hat zwei Namen – Bozen oder Bolzano.

c Fast die Hälfte der Einwohner Südtirols spricht Deutsch als Muttersprache.

d Alle Mitarbeiter von öffentlichen Ämtern müssen entweder Deutsch oder Italienisch können.

e Seit einigen Jahren sprechen immer mehr Leute in Südtirol Deutsch als Muttersprache, ...

f ... aber immer mehr Leute sprechen auch Italienisch.

g Im Norden und Osten grenzt Südtirol an Deutschland.

h Der Brennerpass ist eine wichtige Nord-Süd-Verbindung über die Alpen.

i Man kann den Brennerpass kostenlos benutzen.

Text B – Warum ich Berlin mag

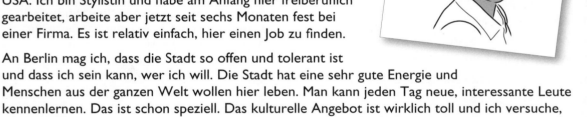

Berlin ist sehr attraktiv für Menschen aus verschiedenen Nationen und Kulturen. Mehr als die Hälfte der Einwohner von Berlin kommen aus anderen deutschen Städten oder anderen Ländern. Die Amerikanerin Greta Olsen, 26, erzählt, was sie an Berlin mag.

Ich bin vor zwei Jahren von Manchester nach Berlin gezogen, aber eigentlich komme ich aus einer kleinen Stadt in den USA. Ich bin Stylistin und habe am Anfang hier freiberuflich gearbeitet, arbeite aber jetzt seit sechs Monaten fest bei einer Firma. Es ist relativ einfach, hier einen Job zu finden.

An Berlin mag ich, dass die Stadt so offen und tolerant ist und dass ich sein kann, wer ich will. Die Stadt hat eine sehr gute Energie und Menschen aus der ganzen Welt wollen hier leben. Man kann jeden Tag neue, interessante Leute kennenlernen. Das ist schon speziell. Das kulturelle Angebot ist wirklich toll und ich versuche, jede Woche in eine andere Ausstellung zu gehen.

Außerdem fühle ich mich hier sicher. In den USA gibt es im Moment sehr viele Unsicherheiten und Probleme. Die meisten Leute in meinem Alter dort sind sehr konservativ und traditionell. Hier in Berlin ist das Leben entspannter und ich habe mehr Freiheiten. Die Stadt hat wirklich sehr viel zu bieten.

Vokabeln

freiberuflich	*freelance*
die Unsicherheit (-en)	*uncertainty, insecurity*
die Freiheit (-en)	*freedom*
bieten	*to offer*

Ergänzen Sie die Sätze.

a Greta kommt eigentlich *aus einer kleinen Stadt in den USA.*

b Sie ist vor zwei Jahren _____
_____

c Greta mag an Berlin, dass sie sein kann,
_____.

d Sie sagt, dass das kulturelle Angebot
_____.

e Sie findet, dass das Leben in Berlin
_____ und dass sie mehr
_____.

Key to activities

Lektion 1

Abschnitt A

Übungen
1 1 = g; 2 = d; 3 = e; 4 = b; 5 = c; 6 = a; 7 = f.
2 **a** *(f)*; **b** (inf); **c** (inf); **d** (f); **e** (inf); **f** (f).
3 **a** *heißen*; **b** du; **c** Name; **d** Ich; **e** wie; **f** Tag, ist; **g** Sie, heißen.

Grammatik
1 **a** du; **b** ist Ihr; **c** Wie – Sie; **d** Wie – du; **e** heißen Sie; **f** Wie – dein Name.

Abschnitt B

Übungen
1 **a** Guten *T*ag. **b** Guten **M**orgen. **c** Guten **A**bend. **d** Hallo. **e** Auf **W**iedersehen. **f** **T**schüss.
2

	Guten Morgen	Guten Tag	Guten Abend	Gute Nacht
14.00		✓		
08.00	✓			
23.00				✓
10.00	✓	✓		
18.30		✓	✓	

Grammatik
1 **a** Gute Nacht. **b** Auf Wiedersehen. **c** Ich heiße Anna. **d** Guten Morgen, Frau Matussek. **e** Mein Name ist Tim. **f** Wie ist Ihr Name? **g** Wie heißen Sie? **h** Wie ist dein Name?

Abschnitte C & D

Übungen
1 1 = *eins*; 2 = zwei; 3 = drei; 4 = vier; 5 = fünf; 6 = sechs; 7 = sieben; 8 = acht; 9 = neun; 10 = zehn.
2 **a** *sieben*; **b** drei; **c** neun; **d** neun; **e** zwei; **f** neun; **g** zwei; **h** sechs.

3 **a** *Nummer eins ist London. London hat acht Komma acht Millionen Einwohner.* **b** Nummer zwei ist Berlin. Berlin hat drei Komma sieben Millionen Einwohner. **c** Nummer drei ist Madrid. Madrid hat drei Komma zwei Millionen Einwohner. **d** Nummer vier ist Athen. Athen hat drei Komma eins Millionen Einwohner. **e** Nummer fünf ist Rom. Rom hat zwei Komma acht Millionen Einwohner. **f** Nummer sechs ist Paris. Paris hat zwei Komma zwei Millionen Einwohner. **g** Nummer sieben ist Hamburg. Hamburg hat eins Komma acht Millionen Einwohner. **h** Nummer acht ist Warschau. Warschau hat eins Komma sieben Millionen Einwohner.

Grammatik
1 **a** mein; **b** Name; **c** wie; **d** heißen; **e** bitte; **f** ich; **g** Sie; **h** du; **i** Telefonnummer; **j** Handynummer.
2 **a** ist: p – e – t – e – r – s – c – h – m – i – t – t „at" web Punkt d – e. **b** ist: s – u – s – i – m – a – u – s – zwei „at" g – m – x Punkt d – e. **c** ist: m Punkt w – i – c – h – m – a – n – n acht „at" yahoo Punkt d – e. **d** ist: a – x – e – l – m – u – s – k – e – l – m – a – n – n „at" web Punkt d – e. **e** ist: i Punkt k – r – e – u – z – e – r „at" alpha Punkt com. **f** ist: f – r – a – n – k – d – e – r – b – a – e – r „at" yahoo Punkt d – e.

Abschnitt E

Übungen
1 **a** *komme* – wohne; **b** Name – komme – Dänemark – ich; **c** Türkei – jetzt; **d** komme – aus – in.
2 1 = *d*; 2 = e; 3 = b; 4 = a; 5 = c; 6 = f.
3 **a** *Wie*; **b** Woher; **c** wo; **d** Wie; **e** wie; **f** Wo; **g** woher; **h** Wie.

Grammatik
1 i **a** heiß**t** – heiß**e**; **b** komm**st** – komm**e**; **c** wohn**st** – wohn**e**; **d** studier**st** – studier**e**; **e** trink**st** – trink**e**; **f** hör**st** – hör**e**.
ii **a** heiß**en** – heiß**e**; **b** komm**en** – komm**e**; **c** wohn**en** – wohn**e**; **d** studier**en** – studier**e** – arbeit**e**; **e** hör**en** – hör**e**.
2 1 *heiße*; 2 komme; 3 wohne; 4 studiere; 5 arbeite; 6 höre.
3 **Sample answers** Hallo, ich heiße Peter Smith. Ich komme aus Newcastle. Ich wohne jetzt in Liverpool. Meine Handynummer ist 07711-843290 und meine Telefonnummer ist 0151-549873. Ich arbeite bei Barclays. Ich höre Beyoncé und Justin Timberlake.

Und zum Schluss

1 Sample answers a Guten Tag. **b** Ich heiße Samuel Zuckermann. **c** Z – U – C – K – E – R – M – A – N – N. **d** Ich komme aus Wien. **e** Ich wohne jetzt in Manchester. **f** Ich finde Berlin etc. sehr interessant / hektisch / sehr laut ... . **g** Meine Handynummer ist ... **h** Meine Telefonnummer ist ... **i** Meine E-Mail-Adresse ist ... **j** Ich arbeite bei der BBC in Manchester. **k** Ich höre afrikanische Musik.

2 Text A Gut(en); Tag; aus; entschuldigen; bitte; aber; er; sie; ja; wiedersehen; liegen; nein; in; man; Telefon; Frage; klar; und; ist; buchstabieren; Geburtsort; null; wie; neun; da; vier; Adresse(n); Visitenkarte; jetzt; Nummer(n). Finden Sie noch mehr?

Text B & Text C: Jana Roth a London; **b** Mainz; **c** Jana. Roth@ucl.ac.uk; **d** 0771-0974563; **e** *Marketing*; **f** Tennis.

Franz Schumacher a München; **b** *Dresden*; **c** franz.schumacher@gmail.de; **d** 0179-7884351; **e** bei BMW; **f** Fußball und Golf.

Lektion 2

Abschnitt A

Übungen

1

Dialog 1

1	2	3	4	5	6
c	b	f	e	a	d

Dialog 2

1	2	3	4	5	6
d	f	c	a	e	b

2 a dir – Danke; **b** Ihnen – Ausgezeichnet; **c** geht's – nicht; **d** wie – Ihnen.

Grammatik

1 a *dir* – *gut*; **b** Ihnen – nicht so gut / schlecht; **c** Wie geht es Ihnen? – (so) gut; **d** Wie geht's? – (sehr) gut / prima / ausgezeichnet; **e** Wie geht es Ihnen? – gut.

Abschnitt B

Übungen

1 a wohnt – Deutschland; **b** noch – Schweiz; **c** Belgien – dort – Empfangsdame; **d** kommt – in – Österreich – schön.

2 *London – Großbritannien*; Berlin – Deutschland; Moskau – Russland; Athen – Griechenland; Warschau – Polen; Madrid – Spanien; Bern – Schweiz; Lissabon – Portugal; Wien – Österreich; Tallin – Estland; Dublin – Irland; Paris – Frankreich; Ankara – Türkei; Rom – Italien.

3 a Falsch! Champagner kommt nicht aus Belgien. Champagner kommt aus Frankreich. **b** Richtig! Warschau liegt in Polen. **c** Falsch! Pizza kommt nicht aus Spanien. Pizza kommt aus Italien. **d** Falsch! Salzburg liegt nicht in Deutschland. Salzburg liegt in Österreich. **e** Richtig! Sankt Petersburg liegt in Russland. **f** Richtig! Der Eiffelturm steht in Frankreich, in Paris. **g** Falsch! Das Brandenburger Tor ist nicht in Österreich, in Wien. Es ist in Deutschland, in Berlin. **h** Falsch! Budapest liegt nicht in der Tschechischen Republik. Es liegt in Ungarn.

Grammatik

1 i a kommt; **b** wohnt; **c** liegt; **d** hört; **e** spielt. **ii a** kommt; **b** studiert; **c** ist; **d** liebt; **e** trinkt – hört; **f** spielt.

2 a Sie heißt Claudia Meier. Sie kommt aus Wien, aber sie **wohnt** jetzt in Berlin. Sie **studiert** Musik. Sie **hört britische Popmusik** und **spielt** Gitarre in einer Band. Sie **liebt** Berlin. **b** Er heißt Manuel Santoz. Er **kommt** aus Spanien, aber er **wohnt** jetzt in Frankfurt. Er ist **Banker bei Santander**. Er **hört** moderne Flamenco-Musik. Er **spielt** Fußball. Er **liebt Deutschland**.

Abschnitt C

Übungen

1 a 24; **b** 32; **c** 47; **d** 39; **e** 72; **f** 67; **g** 95; **h** 88; **i** 93; **j** 26; **k** 62; **l** 94.

2

Westeuropa	Osteuropa	Afrika	Südamerika	Nordamerika	Asien	Australasien
Italien Griechenland Irland Großbritannien Portugal Deutschland Schweiz Spanien Österreich Frankreich	Estland Russland Polen	*Tunesien* Nigeria Südafrika	Chile Argentinien	Kanada USA	*Indien* China Japan	Australien Neuseeland

Grammatik

1 a zweiundzwanzig; **b** einunddreißig; **c** fünfundvierzig; **d** siebenundfünfzig; **e** dreiundsechzig; **f** achtundsiebzig; **g** sechsundachtzig; **h** vierundneunzig; **i** neunundneunzig; **j** sechsunddreißig.

2 a Petra Schneider wohnt in Hannover, Bismarckstraße vierzehn. **b** Anna Kosinska wohnt in Dresden, Berliner Straße fünfundachtzig. **c** Susi Sonne wohnt in Basel, Stadtweg sechsunddreißig A. **d** Oli Meyer-Dubois wohnt in München, Blumenstraße dreiundsiebzig. **e** Leon Winter wohnt in Wien, Beethovenstraße dreiundzwanzig B. **f** Ayse Dirgen wohnt in Stuttgart, Steinstraße vier.

Abschnitt D

Übungen

1 a Claudia Scholz; **b** Deutsch; **c** Berlin; **d** Hannover; **e** Spanisch und Französisch; **f** verheiratet; **g** seit zwei Jahren bei der Telekom.

2 a arbeitslos; **b** schlecht; **c** Banker; **d** Bayern; **e** Deutscher; **f** Auf Wiedersehen.

3

Land	♂ -er / -e	♀ -in	Sprache: (i)sch
Amerika	Amerikan**er**	**Amerikanerin**	Eng**lisch**
Deutschland	**Deutscher**	Deutsche!	Deu**tsch**
England	Engländ**er**	Engländer**in**	**Englisch**
Italien	Italien**er**	**Italienerin**	Italien**isch**
Japan	Japan**er**	Japaner**in**	**Japanisch**
Wales	**Waliser**	Waliser**in**	Eng**lisch** / Walis**isch**
Spanien	**Spanier**	**Spanierin**	Span**isch**
Syrien	**Syrer**	Syrer**in**	Arab**isch**
Frankreich	Franzose	Französ**in**	**Französisch**
China	**Chinese**	Chines**in**	Chines**isch**
Großbritannien	**Brite**	Brit**in**	Eng**lisch**
Polen	**Pole**	**Polin**	Pol**nisch**
Russland	Russe	**Russin**	**Russisch**
Schottland	Schotte	**Schottin**	Eng**lisch** / Gäl**isch**
Türkei	**Türke**	Türk**in**	Türk**isch**

4 a Deutscher – Deutsch; **b** Engländer – Englisch; **c** Japanerin – Japanisch; **d** Polin – Polnisch; **e** Franzose – Französisch; **f** Schotte – Englisch / Gälisch; **g** Spanierin – Spanisch; **h** Syrerin – Arabisch.

Grammatik (1)

1 ich → arbeite komme spreche wohne
du → arbeit**est** komm**st** sprich**st** wohn**st**
Sie → arbeit**en** komm**en** sprech**en** wohn**en**
er, sie, es → komm**t** sprich**t** wohn**t**
arbeit**et**

2 i a heiße; **b** wohne; **c** spreche; **d** Spr**ich**st; **e** komm**t** – komm**t**; **f** arbeit**et**; **g** spr**ich**t; **h** find**est**; **i** finde.
ii a bin; **b** Sind; **c** ist – ist **d** bin; **e** ist; **f** Bist; **g** Sind: **h** ist; **i** bin.

Grammatik (2)

1 1 = g; 2 = e; 3 = i; 4 = c; 5 = h; 6 = b; 7 = a; 8 = f; 9 = d.

2 i a Wie heißen Sie? **b** Wo wohnen Sie? **c** Wie ist Ihre Adresse? **d** Sind Sie Französin / Italienerin / Türkin usw.? **e** Welche Sprachen sprechen Sie? **f** Sind Sie verheiratet? **g** Wo arbeiten Sie?
ii a Wie heißt du? **b** Wo wohnst du? **c** Wie ist deine Adresse? **d** Bist du Französin / Italienerin / Türkin usw.? **e** Welche Sprachen sprichst du? **f** Bist du verheiratet? **g** Wo arbeitest du?

Und zum Schluss

I Sample answers: a Guten Tag. Mir geht es sehr
gut, danke. **b** Ich heiße Ian McDonald. M – C – D – O
– N – A – L – D. **c** Nein, ich bin Schotte. **d** Ich komme
aus Inverness. **e** Ich wohne jetzt in Birmingham. **f** Meine
Adresse ist 78, Queens Street, Birmingham B44 8NS. **g**
Meine Muttersprache ist Englisch. **h** Ich spreche Englisch,
ein bisschen Deutsch und ein bisschen Japanisch. **i** Ich finde
Deutsch sehr interessant, aber auch ein bisschen schwer. **j**
Ja, ich bin verheiratet. / Nein, aber ich habe einen Partner/
eine Partnerin. **k** Ich arbeite bei HBOS hier in Birmingham.
l Meine E-Mail-Adresse ist ian.mcdonald14@aol.com. **m**
Meine Handynummer ist 07723 954281.
2 a iii; **b** i; **c** ii; **d** iii; **e** ii; **f** ii; **g** i; **h** ii; **i** iv.

Lektion 3

Abschnitt A

Übungen

I a *ein Hotel*; **b** eine Bank; **c** ein Weihnachtsmarkt; **d** ein
Fitnesscenter; **e** eine Bäckerei; **f** ein Café; **g** eine Kneipe;
h ein Bahnhof; **i** ein Kino; **j** eine Kirche.
2 a *das Hotel*; **b** die Bank; **c** der Weihnachtsmarkt; **d** das
Fitnesscenter; **e** die Bäckerei; **f** das Café; **g** die Kneipe;
h der Bahnhof; **i** das Kino; **j** die Kirche.

Grammatik (1)

I der: *Name*; Geburtsort; Wohnort; Bahnhof; Biergarten;
Weihnachtsmarkt; Mann.
die: *Telefonnnummer*; Handynummer; *Arbeit*; Sprache;
Visitenkarte; Adresse; *Empfangsdame*; Frau; Woche; Kneipe;
Kirche; Sprachschule.
das: *Kino*; Hotel; Zentrum; Café; Fitnesscenter; Bier.
2 a Das ist **ein** Hotel. **Das** Hotel heißt Hotel Adler. **Das**
Hotel ist in Celle. Celle ist **eine** Stadt in Norddeutschland.
Das Hotel ist sehr alt. **b Die** Kirche heißt
Gedächtniskirche. **Die** Gedächtniskirche ist **eine** Kirche
in Berlin. Berlin ist **die** Hauptstadt von Deutschland. Es ist
eine alte Kirche im Zentrum von Berlin. **c** Das ist **eine**
Bank. **Die** Bank heißt Deutsche Bank. **Die** Deutsche Bank
ist sehr groß. **d** Das ist **das** FitX Fitnesscenter in München.
München ist **eine** Stadt in Süddeutschland und es ist **die**
Hauptstadt von Bayern. **Das** FitX Fitnesscenter ist **ein**
Fitnesscenter in München. München hat viele Fitnesscenter.
e Das ist **eine** Sprachschule. **Die** Sprachschule heißt
Eurotalk und ist in Hamburg. Hamburg ist **eine** Hafenstadt.
Die Stadt ist groß und hat 1,8 Millionen Einwohner.

Grammatik (2)

I a Mein; **b** meine; **c** Meine; **d** Meine; **e** Mein; **f** Meine;
g mein.

Abschnitt B

Übungen

I Maurer; Hausfrau; Taxifahrer; Automechaniker;
Sekretärin; Kellner; Banker; Student; Journalistin;
Verkäuferin; Kaufmann; Koch; Ärztin; *Kundenberater*;
Designerin; Musiker; Tischler; Friseurin.
2 1 = d; 2 = f; 3 = a; 4 = h; 5 = g; 6 = i; 7 = e; 8 = c; 9 = b.
3 I Deutsch; **2** heiße; **3** großartig; **4** Deutscher; **5** meine;
6 Engländerin; **7** seit; **8** Beruf; **9** IT-Spezialist.

Grammatik

I a *Ingenieurin*; **b** Kundenberaterin; **c** Managerin;
d Kellnerin; **e** Journalistin; **f** Taxifahrerin; **g** Busfahrerin;
h Verkäuferin; **i** Designerin; **j** Friseurin; **k** Ärztin; **l** Köchin;
m Krankenpflegerin; **n** Bankangestellte.
2 a *Ich bin PC-Techniker.* **b** Ich arbeite bei Toshiba. **c** Ich
arbeite seit 5 Jahren dort. **d** Ja, sie ist Englischlehrerin.
e Nein, sie ist Irin. **f** Sie lebt schon seit 15 Jahren in
Deutschland.

Abschnitt C

Übungen

I a *Anglistik*; **b** Mathematik; **c** BWL; **d** Romanistik; **e** Physik;
f Informatik.
2 a *Studenten*; **b** Politik; **c** Heidelberg; **d** seit; **e** interessant;
f langweilig; **g** Wohnung –Stadtzentrum.

Grammatik (1)

I i a machen; **b** arbeiten; **c** hören; **d** sind.
ii a heißen; **b** hören; **c** sind; **d** sind.
iii a heißt; **b** kommt; **c** wohnt; **d** arbeitet; **e** Sprecht; **f**
Trinkt; **g** Habt; **h** Seid.
iv a kommen; **b** wohnen – studieren; **c** spielen – hören;
d arbeiten; **e** arbeitet – arbeitet.
2 a *Wie heißt ihr?* **b** Woher kommt ihr? **c** Wo liegt
Warnemünde? **d** Seid ihr beide Studenten? **e** Was studiert
ihr? **f** Wo studiert ihr? **g** Seit wann / Wie lange studiert ihr?
h Ist es interessant?

Grammatik (2)

I 87	siebenundachtzig
113	einhundertdreizehn
230	zweihundertdreißig
647	sechshundertsiebenundvierzig
926	neunhundertsechsundzwanzig
1482	eintausendvierhundertzweiundachtzig
2588	zweitausendfünfhundertachtundachtzig
26419	sechsundzwanzigtausendvierhundertneunzehn

2 140 = *(ein)hundertvierzig*
180 = (ein)hundertachtzig
219 = zweihundertneunzehn
690 = sechshundertneunzig

742 = siebenhundertzweiundvierzig
955 = neunhundertfünfundfünfzig
1450 = (ein)tausendvierhundertfünfzig/
vierzehnhundertfünfzig
12322 = zwölftausenddreihundertzweiundzwanzig
27895 = siebenundzwanzigtausendachthundert-
fünfundneunzig
3 a Die Freie Universität Berlin hat
fünfunddreißigtausendsiebenhundert Studenten. **b** Die
Humboldt-Universität zu Berlin hat *dreiunddreißigtausend*
Studenten. **c** Die Universität Hamburg hat
einundvierzigtausendzweihundert Studenten. **d** Die Universität
zu Köln hat *neunundvierzigtausendsiebenhundertsiebzig*
Studenten. **e** Die Universität Leipzig hat
achtundzwanzigtausendzweihundertsiebzig Studenten.
f Die Technische Universität Dresden hat
sechsunddreißigtausendsiebenhundertdreißig Studenten.

Und zum Schluss

1 Sample answers: a Guten Tag. **b** Mir geht's nicht
schlecht. **c** Mein Name ist Lucas Baumann. **d** Ich komme aus
Bahlingen. **e** Bahlingen liegt nicht weit von Freiburg. **f** Die
Stadt hat etwa 4000 Einwohner. **g** Ich finde, meine Stadt
ist sehr alt, schön und klein. **h** Ich studiere / bin Student.
i Ich studiere Psychologie. **j** Ich studiere in Freiburg. **k** Ich
studiere seit 2017. **l** Ich finde mein Studium sehr interessant.
2 a i; **b** ii; **c** ii; **d** ii; **e** i; **f** i; **g** ii.

Lektion 4
Abschnitt A
Übungen
1 1 = g; 2 = e; 3 = f; 4 = i; 5 = j; 6 = d; 7 = a; 8 = c; 9 = h;
10 = b.
2

	eine CD	eine SMS	Tee	Sushi	ein Buch
kaufen	✓		✓	✓	✓
hören	✓				
essen				✓	
schreiben		✓			✓
trinken			✓		
lesen		✓			✓
spielen	✓				

Grammatik
1 i a spreche; **b** spricht; **c** sprechen; **d** Sprecht.
ii a lese; **b** Liest; **c** liest; **d** Lest.
iii a esse; **b** Isst; **c** isst; **d** Essen.
2 1 lese; 2 Liest; 3 sprichst; 4 Sprichst; 5 spreche; 6
sprechen; 7 isst; 8 esse; 9 essen.

Abschnitt B
Übungen
1 1 *Tag*; 2 Umfrage; 3 Ihr; 4 mein; 5 fotografiere; 6 haben;
7 Joggen; 8 nicht; 9 spiele; 10 Fitnesscenter; 11 Karate.
2

	spielen	machen
Fußball	✓	
Tai-Chi		✓
Yoga		✓
Rugby	✓	
Badminton	✓	
Karate		✓
Jiu-Jitsu		✓
Golf	✓	
Basketball	✓	
Nordic-Walking		✓
Gitarre	✓	

3 a fotografiere; **b** schwimme; **c** reise; **d** surfe; **e** jogge;
f spiele; **g** koche; **h** mache.

Grammatik
1 a *Marion isst gern Pizza.* **b** Sie trinkt gern Wasser. **c** Sie
liest gern. **d** Sie reist gern. **e** *Sie spielt nicht gern Tennis.* **f**
Sie spielt nicht gern Fußball. **g** Sie geht gern ins Kino. **h** Sie
fotografiert gern. **i** Sie schwimmt nicht gern. **j** Sie kocht
nicht gern. **k** Sie macht gern Yoga.

Abschnitt C
Übungen
1 a *Buch*; **b** Sprache; **c** Beruf; **d** Wassersport; **e** Hobby;
f Musik; **g** Stadt.
2 a *klasse*; **b** schlecht; **c** langweilig; **d** schön; **e** interessant;
f fantastisch.

Grammatik

1 a Er mag klassische Musik. **b** Sie mag Computergames. **c** Ich mag die Süddeutsche Zeitung. **d** Er mag Nordic Walking. **e** Sie mag Sushi. **f** Mögen Sie Science-Fiction-Filme?

Abschnitt D

Übungen

1 Familie; Sohn; Bruder; Tante; *Schwiegermutter;* Vater; Nichte; Katze; Enkelkind / Kind; Partner; Schwager; *Schwester;* Tochter; Großmutter / Mutter; Verlobte(r); Hund; Onkel; Schwägerin.
2 a *die Mutter;* **b** die Tochter; **c** die Schwester; **d** die Großmutter; **e** die Oma; **f** die Tante; **g** *die Cousine;* **h** die Schwiegertochter; **i** die Enkeltochter; **j** *die Nichte.*

Grammatik (1)

1 i a *Sein*; **b** seine; **c** seine; **d** Sein – seine; **e** sein.
ii a *Ihr*; **b** Ihr; **c** Ihre – ihr; **d** Ihre; **e** ihre.
2 1 deine; **2** Ihr; **3** dein; **4** dein; **5** Mein; **6** seine.

Grammatik (2)

1 a *Handynummern*; **b** Telefonnummern;
c Schwestern; **d** Mutter; **e** Väter; **f** Töchter; **g** Namen; **h** Adressen; **i** Visitenkarten;
j Sprache; **k** Katzen; **l** Kirchen; **m** Kneipen; **n** *Studentinnen*; **o** Verkäuferinnen; **p** Ärztinnen; **q** Engländerinnen;
2 a Schwestern; **b** Tanten; **c** Töchter; **d** Sprachen; **e** Ärztinnen; **f** Engländerinnen; **g** Cousinen; **h** Kneipen.

Und zum Schluss

1 Sample answers
a Ja, ich habe ein Hobby. Ich spiele gern Rugby. **b** Nein, ich jogge nicht gern. **c** Ja, ich gehe gern ins Kino. **d** Ich lese gern Krimis. **e** Ich esse gern italienisch. **f** Ich trinke gern Mineralwasser und Weißwein. **g** Ich esse nicht gern Sushi und ich trinke nicht gern Limonade. **h** Ich finde Sport langweilig. **i** Ich finde Deutsch sehr interessant. **j** Ich mag Instagram und Twitter. **k** Ich mag Facebook und Snapchat nicht so gern. **l** Ja, ich habe eine Schwester und einen Bruder. Meine Schwester ist 22 Jahre alt und wohnt in Manchester. Sie ist Lehrerin. Mein Bruder ist 30 Jahre alt und wohnt in Spanien. Er arbeitet bei Santander in Madrid. **m** Ja, ich habe einen Sohn. Er ist drei Jahre alt und geht in den Kindergarten. **n** Meine Mutter ist 57 Jahre alt und ist Verkäuferin bei Next in Birmingham. Mein Vater ist 59 Jahre alt und ist Busfahrer in Birmingham. Ich habe auch viele Tanten und Onkel. Sie wohnen auch in Birmingham etc.
2 Text A a Er wohnt (am Prenzlauer Berg) in Berlin. **b** Er hat zwei Brüder und zwei Schwestern. **c** Er spielt gern

Klavier und E-Bass. **d** Er mag alte amerikanische Jazzmusik. **e** Er ist manchmal im Arsenal-Stadion in London. **f** Er mag die Pubs in London.
Texte B & C a Richtig. **b** Falsch. Loretta spricht auch Spanisch und Englisch, aber Mark spricht nur Englisch und Deutsch. **c** Falsch. Loretta ist 23 Jahre alt, aber Mark ist 26. **d** Falsch. Loretta mag Fußball nicht so sehr, aber Mark ist Arsenal-Fan. **e** Richtig. **f** Falsch. Loretta möchte Joachim nach einem Match treffen, aber Mark möchte Joachim im Stadion treffen.

Lektion 5

Abschnitt A

Übungen

1 a = 4; **b** = 3; **c** = 1; **d** = 2.
2 1 = c; **2** = a; **3** = b.

Grammatik (1)

1 der: *Supermarkt*; Biergarten; Park; Kiosk.
die: *Kneipe*; Kirche; Bank; *Post.*
das: *Hotel*; Café; Fitnesscenter; Restaurant.
2 a *einen*; **b** einen; **c** eine; **d** eine; **e** ein; **f** ein; **g** ein; **h** einen; **i** ein; **j** eine; **k** einen.

Grammatik (2)

1 a *Nehmen*; **b** Gehen; **c** Trinken; **d** Kaufen; **e** Suchen; **f** Essen.
2 a *Nimm*; **b** Geh; **c** Trink; **d** Kauf; **e** Such; **f** Iss.
3

Sie-Form	du-Form	ihr-Form
Hören Sie bitte zu!	*Hör bitte zu!*	*Hört bitte zu!*
Telefonieren Sie nicht so viel.	Telefoniere nicht so viel.	Telefoniert nicht so viel.
Gehen Sie hier links.	Geh hier links.	Geht hier links.
Schreiben Sie eine E-Mail.	Schreib eine E-Mail.	Schreibt eine E-Mail.
Sprechen Sie lauter, bitte.	*Sprich lauter, bitte.*	Sprecht lauter, bitte.
Lesen Sie, bitte!	*Lies, bitte!*	Lest, bitte!

Abschnitte B & C

Übungen

1 1 *durstig*; **2** jetzt; **3** Kalorien; **4** eine; **5** bestellen; **6** bitte; **7** Eis; **8** Sie; **9** einen; **10** essen; **11** gemischtes; **12** ohne.
2 Warme Getränke: *Kaffee*; Kamillentee; Tee; heiße Schokolade. **Alkoholfreie Getränke**: Orangensaft; Cola; Mineralwasser; Limonade. **Alkohol**: *Schnaps*; Sekt; Bier; Rotwein; Weißwein; Weizenbier. **Essen**: Kirschtorte; Butterkuchen; gemischtes Eis; Sandwich.

Grammatik

1 a einen – eine; b einen; c einen; d einen; e ein;
f eine; g einen – einen; h eine; i eine; j einen.
2 a *den*, b den; c den; d die; e die; f das; g das; h den – den;
i das – die; j den – den.

Abschnitt D–1

Übungen

1 a *der Salat*; b die Karotte; c die Kartoffel; d das Ei; e
das Brot; f der Apfel; g das Würstchen; h der Fisch; i die
Zitrone; j das Hähnchen; k der Käse; l das Brötchen.
2 1 Käse; 2 Kartoffeln; 3 Würstchen; 4 Brot; 5 Tee; 6 Salat;
7 Äpfel; 8 Kuchen. Das neunte Wort ist: Karotten.
3

	eine Flasche	eine Dose	eine Packung	ein Stück	250 Gramm
Olivenöl	✓	✓			
Bier	✓	✓			
Karotten		✓	✓		✓
Salami			✓	✓	✓
Wasser	✓	✓			
Käse			✓	✓	✓
Brot			✓	✓	✓
Kaffee		✓	✓		✓

4 a Richtig. b Falsch. Andreas isst Pizza oder *Fisch*. c
Falsch. Zu Mittag isst Konstantin *ein Baguette mit Käse
oder Salami*. d Richtig. e Falsch. Andreas trinkt ein Glas
Wein, aber Konstantin trinkt *Bier*. f Falsch. Magdalena isst
kein Fleisch. Sie ist Vegetarierin.

Grammatik

1 i a *die Salate*; b die Pilze; c der Kurs; d die Kiosks; e
die Schnäpse; f die Orangensäfte; g die Apfelsäfte; h die
Supermärkte.
ii a die Karotten; b die Tomaten; c *die Dosen*; d die Tassen;
e die Flaschen; f die Kartoffeln; g die Packungen; h die
Zeitungen; i die Würste; j die Stadt.
iii a die Biere; b die Brote; c die Getränke; d *die Länder*; e
die Bücher; f die Häuser.
iv a die Restaurants; b *die Cafés*; c die Hotels; d die Kinos;
e die Salamis; f die Parks.
2 i a Flasche**n**; b Flasche**n**; c Dose**n**; d Orangensäfte
– Apfelsäfte; e Packung**en**; f Baguettes – Weißbrot**e**;
g Packung**en**; h Salami**s**; i Plastikgläs**er**; j Serviette**n**.

Abschnitt D–2

Übungen

1 a *Ausstellungen*; b Schwimmbad; c Tag; d Abonnement;
e Kuchen; f teuer; g billig; h lieber.
2 a *Sie liest häufig die Zeitung.* b Er geht manchmal joggen.
c Er geht selten ins Theater. d Sie geht oft schwimmen. e
Er geht nie in die Oper.

Grammatik

1 a Marianne geht *ins Café*. b Peter geht ins Kino. c Claudia
geht in die Bäckerei. d Stefan geht in die Kirche. e Simone
geht ins Fitnesscenter.
2 **Sample answers: a** Ich gehe sehr oft ins Kino. b Ich gehe
samstags in die Kneipe. c Ich gehe jeden Tag ins Café. d Ja,
ich gehe oft ins Fitnesscenter. e Ich gehe zweimal pro Monat
in den Club, meistens am Freitagabend. f Ich gehe nur selten
ins Restaurant. g Ich gehe gern in den Club, aber ich gehe
nicht so gern ins Fitnesscenter.

Und zum Schluss

1 **Sample answers**
a Zum Frühstück esse ich meistens Müsli mit Milch und
Obst. b Zum Frühstück trinke ich meistens Kaffee. c Zu
Mittag esse ich meistens ein Sandwich oder ein Baguette.
Ich trinke ein Glas Mineralwasser oder einen Orangensaft.
d Zum Abendbrot esse ich oft Fleisch und Gemüse und
ich trinke ein Glas Rotwein. e Ich esse gern Pasta und ich
trinke gern Wein. f Ich trinke morgens lieber Kaffee und
abends lieber Tee. g Ich möchte bitte ein Baguette mit
Schinken und Salat. Und zum Trinken möchte ich eine
Cola. h Nein, ich bin kein Vegetarier. i Ja, ich koche gern.
Ich koche gern Pasta. j Ja, ich gehe sehr oft ins Café. k Ins
Restaurant gehe ich nur selten. l Ich esse gern indisch und
italienisch. m Als Vorspeise möchte ich die Tomatensuppe.
Als Hauptgericht nehme ich das Hähnchen mit Reis und
Salat. Als Nachtisch möchte ich gern ein gemischtes Eis.
Zum Trinken bekomme eine Flasche Wasser, bitte. n Ich
gehe lieber ins Kino. o Ich gehe gern in den Club, aber ich
gehe nicht so gern ins Fitnesscenter.

2 Diese Gerichte kann Susanna nicht essen:

3	5	8	9	11	13	16

Lektion 6

Abschnitt A

Übungen

1 a *Montag*; b Dienstag; c Mittwoch; d Donnerstag; e
Freitag; f Samstag; g Sonntag.

2

a	b	c	d	e	f	g	h
6	8	4	5	2	7	3	1

3 1 *Einzelzimmer*; **2** möchten; **3** Nächte; **4** heute;
5 Dusche; **6** Internetzugang; **7** kostet; **8** Nacht; **9** Frühstück;
10 von;**11** bis; **12** essen; **13** Restaurant; **14** nehme; **15**
Schlüsselkarte; **16** Aufenthalt.

Grammatik

1 1 = e; **2** = c; **3** = g; **4** = b; **5** = f; **6** = a; **7** = d.
Es gibt vier Ja-Nein Fragen in Übung 1.
2 a Haben Sie ein Zimmer frei? **b** Wie lange möchten
Sie das Zimmer? / Für wie viele Nächte möchten Sie das
Zimmer? **c** Möchten Sie ein Zimmer mit Bad? **d** Wie viel /
Was kostet das Zimmer? **e** Wann gibt es Frühstück? **f** Hat
das Zimmer Internetzugang?

Abschnitt B

Übungen

1 a 9; **b** 4; **c** 1; **d** 7; **e** 5; **f** 8; **g** 2; **h** 3; **i** 6; **j** 10.
2 a Es ist ein Uhr nachmittags. **b** Es ist sechs Uhr abends.
c Es ist neun Uhr abends. **d** Es ist vier Uhr nachmittags. **e**
Es ist elf Uhr abends. **f** Es ist drei Uhr nachmittags. **g** Es ist
zwei Uhr nachts / morgens. **h** Es ist zwei Uhr nachmittags.

Grammatik

1 a *In Moskau ist es sechs Uhr am Abend.* **b** In London ist es
drei Uhr am Nachmittag. **c** In Hongkong ist es elf Uhr am
Abend. **d** In New York ist es zehn Uhr am Morgen. **e** In
Rio de Janeiro ist es zwölf Uhr am Mittag. **f** In Neu Delhi
ist es halb elf am Abend. **g** In Kapstadt ist es fünf Uhr am
Nachmittag. **h** In Los Angeles ist es sieben Uhr am Morgen.
i In Sydney ist es zwei Uhr in der Nacht.

Abschnitt C

Übungen

1 a *aufstehen*; **b** frühstücken; **c** duschen; **d** verlassen; **e**
arbeiten; **f** schreiben; **g** anrufen; **h** machen; **i** spielen; **j**
kochen; **k** trinken; **l** treffen; **m** einkaufen; **n** gehen; **o** lesen;
p sehen.
2 a *Um 9.00 Uhr steht er auf.* **b** Dann duscht er. **c** Um 9.30
Uhr frühstückt er. **d** Er verlässt das Haus um 10.30 Uhr. **e**
Um 11.00 Uhr kauft er ein. **f** Um 13.00 Uhr kocht er Essen.
g Um 13.45 Uhr schreibt er eine E-Mail. **h** Am Nachmittag
trifft er Freunde. **i** Um 17.00 Uhr spielt er Tennis. **j** Um
20.00 Uhr geht er ins Kino. **k** Um 22.00 Uhr trinkt er ein
Bier. **l** Er geht um 1.00 Uhr ins Bett.

Grammatik (1)

1 1 = c; **2** = f; **3** = e; **4** = a; **5** = d; **6** = b.

2 a auf; **b** an; **c** ein; **d** an; **e** fern; **f** ab; **g** auf; **h** fern; **i** an;
j ab; **k** an; **l** mit.

Grammatik (2)

1 a Dann esse ich Joghurt, Früchte und Croissants zum
Frühstück. **b** Danach kaufe ich meistens auf dem Markt
ein. **c** Um ein Uhr esse ich in einem Café zu Mittag. **d** Am
Nachmittag treffe ich oft Freunde. **e** Meistens gehen wir
ins Kino oder schwimmen. **f** Danach kochen wir etwas
zusammen. **g** Anschließend gehen wir gern tanzen. **h**
Meistens gehe ich um Mitternacht ins Bett.

Abschnitte D & E

Übungen

1

1	2	3	4	5	6	7	8	9	10	11	12
i	d	g	j	a	h	c	l	k	b	e	f

Grammatik

1 a muss; **b** Kannst; **c** kann; **d** muss; **e** können; **f** müssen;
g Könnt; **h** Müsst; **i** muss; **j** möchte; **k** Möchtest; **l** Möchtet.
2 a Er kann nicht zur Party kommen. **b** Wir können
zusammen etwas kochen. **c** Tanya möchte heute
Nachmittag ins Fitnesscenter gehen. **d** Wir müssen heute
Abend einkaufen gehen. **e** Er muss morgen um halb 6
aufstehen. **f** Was möchtest du gern trinken? **g** Was kann
man am Wochenende in Ihrer Stadt machen?
3 a Ja, ich kann sehr gut / gut / ganz gut Auto fahren. Nein,
ich kann nicht gut / überhaupt nicht Auto fahren. **b** Ja, ich
kann sehr gut / gut / ganz gut Motorrad fahren. Nein, ich
kann nicht gut / überhaupt nicht Motorrad fahren. **c** Ja, ich
kann sehr gut / gut / ganz gut Englisch sprechen. Nein, ich
kann nicht gut / überhaupt nicht Englisch sprechen. **d** Ja, ich
kann sehr gut / gut / ganz gut Fußball spielen. Nein, ich kann
nicht gut / überhaupt nicht Fußball spielen. **e** Ja, ich kann
sehr gut / gut / ganz gut Klavier spielen. Nein, ich kann nicht
gut / überhaupt nicht Klavier spielen. **f** Ja, ich kann sehr gut
/ gut / ganz gut singen. Nein, ich kann nicht gut / überhaupt
nicht singen. **g** Ja, ich kann sehr gut / gut / ganz gut tanzen.
Nein, ich kann nicht gut / überhaupt nicht tanzen. **h** Ja, ich
kann sehr gut / gut / ganz gut kochen. Nein, ich kann nicht
gut / überhaupt nicht kochen.
4 Sample answers
Hier in London kann man sehr viel machen.
Am Samstagmorgen können wir einkaufen gehen. Am
Nachmittag kann man ins Museum gehen. Am Samstagabend
können wir tanzen oder ins Kino gehen.
Am Sonntag können wir im Hyde-Park spazieren gehen.
Bis Samstag. Viele Grüße
Marion

Und zum Schluss

1 Sample answers

a Ich stehe normalerweise um 7.45 Uhr auf. **b** Ich frühstücke um 8 Uhr. **c** Zum Frühstück esse ich normalerweise ein Toast mit Marmelade. **d** Ich gehe meistens um 8.15 Uhr aus dem Haus. **e** Mein Studium fängt um 9.00 Uhr an. **f** Zu Mittag esse ich gegen 1.00 Uhr. **g** Meistens esse ich ein Baguette mit Käse oder Schinken. **h** Am Nachmittag habe ich meistens Seminare oder ich arbeite in der Bibliothek. **i** Ja, ich kaufe meistens im Supermarkt ein. **j** Am Abend lese ich oder ich sehe fern. **k** Ja, ich gehe ins Kino und auch ins Theater und ins Konzert. **l** Ich gehe oft ins Kino und ins Theater, aber ins Konzert gehe ich nur selten. **m** Ja, ich sehe abends oft fern. **n** Ich checke meine sozialen Netzwerke zwei- oder dreimal am Tag. / Mein Handy checke ich zehn- bis fünfzehnmal am Tag. **o** Zu Abend esse ich gegen 7.00 Uhr. Ich esse Pizza oder Salat. **p** Normalerweise gehe ich gegen 11.30 Uhr ins Bett. **q** Am Wochenende schlafe ich bis 9.00 Uhr. Ich besuche dann Freunde und gehe ins Kino. Abends arbeite ich in einer Bar. **r** Hier in London kann man sehr viel machen – zum Beispiel ins Kino, ins Theater, ins Museum und ins Restaurant gehen. **s** Man kann viel machen. Man kann zum Beispiel zu einem Fußballspiel gehen; man kann auch ins Konzert gehen. **t** Mein Geheimtipp für meine Stadt ist der Stadtpark. Dort gibt es im Sommer fast jeden Monat ein tolles Konzert. **u** Ja, ich muss am Wochenende arbeiten. **v** Ich kann gut Tennis spielen. Ich kann gut Französisch sprechen und ich kann auch gut fotografieren. **w** Ich kann nicht so gut früh aufstehen. Ich kann nicht so gut Japanisch sprechen und ich kann auch nicht so gut singen. **x** Heute möchte ich noch mit Freunden essen gehen.

2 Lesen

a Richtig. **b** Falsch. Sie möchten Freitagnachmittag ins Kino gehen. **c** Falsch. Daniel und Steffi essen gern griechisch und im Stadtzentrum gibt es drei gute griechische Restaurants. **d** Richtig. **e** Falsch. Daniel trinkt überhaupt keinen Alkohol, wenn er fahren muss. **f** Richtig. **g** Richtig. **h** Richtig. **i** Falsch. Sonntags besucht er seine Oma. **j** Falsch. Seine Oma backt immer einen Kuchen.

Lektion 7

Abschnitte A & B

Übungen

1 a Die *Buchhandlung*; **b** Der Getränkemarkt; **c** Die Fleischerei oder Metzgerei; **d** Die Bank; **e** Die Apotheke; **f** Die Bäckerei; **g** Der Elektroladen; **h** Das Kaufhaus; **i** Die Drogerie; **j** Das Sportgeschäft.

2 1 helfen; **2** Wochenende; **3** Reiseführer; **4** Deutsch; **5** Beispiel; **6** hat; **7** habe; **8** kostet; **9** Euro; **10** nehme; **11** bezahlen; **12** ist; **13** Wiedersehen.

Grammatik

1 a i; **b** ii; **c** i; **d** ii; **e** i; **f** i; **g** ii.

2 a *In der Apotheke*; **b** Im Kaufhaus; **c** Auf der Bank; **d** Im Kaufhaus; **e** In der Fleischerei / Metzgerei; **f** Im Supermarkt oder im Getränkemarkt; **g** Im Supermarkt oder auf dem Markt; **h** Im Café.

Abschnitt C

Übungen

1 a früh; **b** auf; **c** Dusche; **d** wach; **e** Brötchen, Honig; **f** Glas Tee; **g** Büro; **h** E-Mails; **i** Kunden; **j** Salat; **k** Feierabend; **l** stressig; **m** gern; **n** Konzert; **n** klassische Musik.

2 a Er steht auf und duscht. **b** Meistens isst er nur ein Brot mit Marmelade. **c** Seine Seminare fangen um 10.00 Uhr an. **d** Er findet sein Studium sehr interessant, manchmal ist es aber auch anstrengend. / Er findet sein Studium sehr interessant, aber manchmal auch anstrengend. **e** Zu Mittag isst er (jeden Tag) in der Mensa. **f** Um 14.00 Uhr ist er wieder in einem Seminar oder in einer Vorlesung. **g** Um 16.30 sitzt er meistens in der Bibliothek und lernt (und bereitet sich auf sein Examen vor). **h** Ja, am Wochenende arbeitet er in einem Restaurant.

Grammatik

1 1 = e; **2** = d; **3** = a; **4** = g; **5** = f; **6** = c; **7** = b.

2 a i *Akkusativ*; **ii** *Dativ*; **b i** Dativ; **ii** Akkusativ; **c i** Dativ; **ii** Akkusativ; **d i** Dativ; **ii** Akkusativ; **e i** Akkusativ; **ii** Dativ; **f i** Dativ; **ii** Akkusativ; **g i** Akkusativ; **ii** Dativ.

3 1 ins; **2** im; **3** in den; **4** ins; **5** im; **6** in den; **7** ins; **8** in die; **9** im; **10** ins; **11** in die; **12** in der; **13** ins; **14** im.

Abschnitt D

Übungen

1 a das Fahrrad; **b** der Bus; **c** das Auto; **d** das Motorrad; **e** das Flugzeug; **f** die U-Bahn; **g** der Zug; **h** die Straßenbahn.
1 = d; **2** = f; **3** = b; **4** = h; **5** = a; **6** = g; **7** = e; **8** = c.

3 Verkehr; Straßenbahn; Zug; Bus; Auto; Bahn; Taxi; Fuß; Fahrrad; Verbindung; Fahrt; Fahrschein; Ticket; Monatskarte; Flug; Umwelt; Straße; Uni; umsteigen; parken; dauern; teuer; weit; Mofa.

Grammatik

1 a *dem*; **b** dem; **c** der; **d** dem; **e** dem; **f** dem; **g** dem; **h** der.

2 a Die Linie 12 fährt von der Universität zum Bahnhof. **b** Die Linie 18 fährt von der Michaelis-Kirche zum Stadtpark. **c** Die Linie 6 fährt vom Stadtpark zum Museum. **d** Die Linie 112 fährt vom Hotel Interconti zum Stadion. **e** Die Linie 24 fährt von der Bismarck-Schule zur Universität. **f** Die Linie 12 fährt vom Flughafen zum Stadtpark. **g** Die

Linie 7 fährt vom Museum zur Michaelis-Kirche. **h** Die Linie 3 fährt von der Universität zum Flughafen.
3 a I mit dem; **2** zum. **b 3** mit der; **4** zur; **5** Von der; **6** zum. **c 7** zur; **8** mit dem. **d 9** mit dem; **10** zur; **11** mit der; **12** von der.

4 Sample answers

Ich fahre mit dem Bus und mit der U-Bahn zur Arbeit.
Die Fahrt dauert meistens 35 Minuten.
Ich muss vom Bus in die U-Bahn umsteigen.
Manchmal finde ich die Fahrt stressig. Es gibt oft zu viele Leute im Bus und in der U-Bahn. Man kann im Bus und in der U-Bahn oft nicht lesen.
Von der U-Bahnstation bis zu meiner Arbeit brauche ich nur 5 Minuten zu Fuß.
Ich habe eine Monatskarte. Sie kostet 95 Pfund.

Und zum Schluss

I a Richtig. **b** Falsch. Die Fahrt vom Hauptbahnhof zum Flughafen dauert nur 12 Minuten. **c** Richtig. **d** Falsch. Busse fahren alle 10 Minuten zum Flughafen. **e** Falsch. Man zahlt circa €19.50. **f** Richtig. **g** Richtig.

2 Sample answers

a Normalerweise stehe ich um 7.30 Uhr auf. **b** Zum Frühstück esse ich meistens Müsli und ich trinke zwei Tassen Kaffee. **c** Ich verlasse das Haus um 8.10 Uhr. **d** Ich fahre mit dem Auto zur Arbeit. **e** Die Fahrt dauert meistens 20 Minuten. **f** Nein, ich muss nicht umsteigen. Ich fahre mit dem Auto. **g** In meiner Stadt sind die Verkehrsverbindungen nicht sehr gut. **h** Ja, man kann ziemlich gut mit dem Bus von A nach B kommen. **i** Meine Stadt ist sehr gut für Fahrradfahrer. Es gibt viele Fahrradwege. **j** Für Autofahrer ist es nicht so gut. Man kann meistens nur sehr langsam fahren. Man hat auch oft Probleme, einen Parkplatz zu finden. **k** Meine Arbeit fängt um 8.30 Uhr an. **l** Am Vormittag arbeite ich an meinem Schreibtisch. Ich beantworte E-Mails und Briefe und ich telefoniere mit Kunden. **m** Zu Mittag esse ich ein Sandwich und einen Apfel an meinem Schreibtisch. **n** Am Nachmittag arbeite ich an meinem Schreibtisch weiter. Manchmal gehe ich mit meinen Kollegen auf eine Konferenz. **o** Feierabend mache ich meistens um 6.30 Uhr oder 7.00 Uhr. / Meine Uni ist meistens um 16.00 Uhr zu Ende. **p** Dann fahre ich nach Hause. Ich trinke ein Glas Wein und bereite mit meiner Partnerin das Abendessen vor. **q** Ich kaufe meistens am Wochenende ein. Aber auch während der Woche muss ich manchmal im Supermarkt einkaufen. **r** Ich kaufe meistens im Supermarkt ein, aber wenn ich Zeit habe, kaufe ich auch frisches Gemüse, Obst und Blumen auf dem Markt. **s** Nein, ich gehe nicht gern shoppen. Ich finde es langweilig. **t** Ich kaufe gern Geschenke für meine Freunde und Familie. Ich kaufe nicht gern Lebensmittel. **u** Am Samstag stehe ich erst um 9.00 oder 9.30 Uhr auf. Dann kaufe ich im Supermarkt ein. Am Nachmittag gehe ich oft zum Fußballspiel. Abends besuchen meine Partnerin und ich oft Freunde. Sonntags stehe ich meistens spät auf. Wir fahren oft aufs Land und machen ein Picknick. **v** Ich gehe gern ins Kino und ich gehe auch gern ins Theater.

Lektion 8

Abschnitt A

Übungen

I a *geduscht*; **b** gefrühstückt; **c** gearbeitet; **d** gekauft; **e** gespielt; **f** gekocht; **g** telefoniert; **h** gelernt.
2 a *geduscht*; **b** frühstücken; **c** gearbeitet; **d** gekauft; **e** spielen; **f** gekocht; **g** telefonieren; **h** lernen.
3

	Fußball gespielt	ein-gekauft	gear-beitet	ein Konzert gehört
im Park	✓		✓	✓
auf dem Markt		✓	✓	
im Kranken-haus			✓	
im Garten	✓		✓	
zu Hause	✓		✓	✓

Grammatik
I

regelmäßig	kein ge / trennbar
arbeiten → *gearbeitet*	besorgen → besorgt
brauchen → gebraucht	bestellen → bestellt
checken → gecheckt	besuchen → besucht
dauern → gedauert	erledigen → erledigt
duschen → geduscht	verdienen → verdient
haben → gehabt	
hassen → gehasst	aktualisieren → aktualisiert
kaufen → gekauft	buchstabieren →
kosten → gekostet	buchstabiert
leben → gelebt	fotografieren → fotografiert
lernen → gelernt	studieren → studiert
lieben → geliebt	telefonieren → telefoniert
machen → gemacht	
posten → gepostet	
reden → geredet	
sagen → gesagt	abholen → abgeholt
schmecken → geschmeckt	einkaufen → eingekauft
suchen → gesucht	
tanzen → getanzt	vorbereiten → vorbereitet
wohnen → gewohnt	

2 a *gedauert*; **b** gelebt; **c** gemacht; **d** geredet; **e** gesagt;
f geschmeckt; **g** bestellt; **h** studiert; **i** besucht; **j** eingekauft;
k abgeholt.
3 a *Ich habe heute um 8 Uhr gefrühstückt.* **b** Ich habe
von 9 bis 17.00 Uhr gearbeitet. **c** Ich habe um 13 Uhr
Mittagspause gehabt. **d** Ja, ich habe ein Paar Joggingschuhe
gekauft. **e** Ja, ich habe mit meiner Schwester telefoniert. **f**
Ja, ich habe Hähnchen mit Reis gekocht. **g** Am Abend habe
ich Freunde besucht und dann einige Nachrichten gepostet.

Abschnitt B

Übungen

1 i Unterhemd; Hemd; Tasse; Mantel; CD; Bild; DVD;
Sonnenbrille; Foto; Uhr; Radio; Hut; Kännchen; Anzug; Zug;
Telefon; Buch; Platte; Lampe; Wecker.
ii das Unterhemd; das Hemd; die Tasse; der Mantel; die
CD; das Bild; die DVD; die Sonnenbrille; das Foto; die Uhr;
das Radio; der Hut; das Kännchen; der Anzug; der Zug; das
Telefon; das Buch; die Platte; die Lampe; der Wecker.
2 1 = c; 2 = d; 3 = e; 4 = g; 5 = b; 6 = h; 7 = a; 8 = f.

Grammatik

1 a groß; **b** neu; **c** langweilig; **d** leicht; **e** reich; **f** schlecht;
g teuer; **h** langsam; **i** warm; **j** spät; **k** schön; **l** laut;
m altmodisch.
2 a interessante; **b** modischen; **c** langweiligen; **d** neuen;
e schönes; **f** billiges; **g** gute; **h** modische.

Abschnitt C

Übungen

1 1 Essen; **2** du; **3** gesund; **4** weine; **5** Hund; **6** verrückt;
7 zurück.
2 1 = c; 2 = g; 3 = j; 4 = b; 5 = a; 6 = d; 7 = i;
8 = f; 9 = e; 10 = h.

Grammatik

1 a *Um 7 Uhr ist Monika aufgestanden.* **b** Danach hat sie
geduscht. **c** Um halb acht hat sie gefrühstückt. **d** Dann ist
sie mit dem Fahrrad zur Arbeit gefahren. **e** Von halb neun
bis ein Uhr hat sie am Computer gearbeitet. **f** Um ein Uhr
hat sie zu Mittag gegessen. **g** Um halb acht Uhr hat sie eine
Freundin getroffen. **h** Sie ist mit ihrer Freundin ins Kino
gegangen. **i** Um 23.00 Uhr hat sie ein Buch gelesen. **j** Um
Mitternacht ist sie ins Bett gegangen.

2

haben	sein
essen → gegessen	fahren → gefahren
finden → gefunden	fliegen → geflogen
geben → gegeben	gehen → gegangen
heißen → geheißen	kommen → gekommen
lesen → gelesen	laufen → gelaufen
sehen → gesehen	schwimmen →
schlafen → geschlafen	geschwommen
schreiben → geschrieben	bleiben → geblieben
singen → gesungen	sein → gewesen
sprechen → gesprochen	aufstehen → aufgestanden
treffen → getroffen	mitkommen →
trinken → getrunken	mitgekommen
bekommen → bekommen	spazieren gehen →
vergessen → vergessen	spazieren gegangen
verstehen → verstanden	
anfangen → angefangen	
anrufen → angerufen	
fernsehen → ferngesehen	

3 a *Hast gesehen*; **b** ist aufgestanden; **c** hat geschrieben;
d haben getrunken; **e** haben gegessen; **f** ist gekommen; **g**
bin gegangen; **h** ist gelaufen; **i** ist gewesen; **j** habe gelesen; **k**
habe vergessen.

Abschnitt D

Übungen

1 a Vor ungefähr 6000 Jahren; **b** *1876*; **c** 1989; **d** 1886;
e 2010; **f** 1969; **g** 1928; **h** 1973; **i** 2017.

2 a Früher sind nur wenige Leute mit dem Flugzeug
geflogen. **b** Früher haben nur wenige Leute am Computer
gearbeitet. **c** Früher haben nur wenige Leute mit einem
Handy telefoniert. **d** Früher haben nur wenige Leute ihren
Urlaub im Ausland gemacht. **e** Früher haben nur wenige
Leute E-Mails geschrieben und Fotos und Videos gepostet.
f Früher sind nur wenige Leute ins Fitnesscenter gegangen.
g Früher haben nur wenige Leute zwei oder mehr Sprachen
gesprochen.

Grammatik

1 a Peter hat eine E-Mail geschrieben. **b** Um 17.00 Uhr ist
sie ins Fitnesscenter gegangen. **c** Ich habe um 10 Uhr ein
Seminar gehabt. **d** Dann habe ich mit meinem Laptop in der
Bibliothek gearbeitet. **e** Er ist heute 40 Minuten zur Arbeit
gelaufen. **f** Früher haben Leute vielleicht weniger Stress
gehabt. **g** Vor zehn Jahren hat Maria in München gewohnt.
2 a Erst hat Peter eine E-Mail geschrieben und danach hat
er telefoniert. **b** Sie haben sich um 6 Uhr getroffen und um
8 Uhr haben sie ein Musical gesehen. **c** Er hat bis 7 Uhr
gearbeitet und danach ist er ins Fitnesscenter gegangen.
d Ich bin mit dem Fahrrad zum Bahnhof gefahren und

dann habe ich die U-Bahn genommen. **e** Ich bin zuerst nach Hamburg geflogen und anschließend habe ich Berlin besucht. **f** Ich habe am Abend noch ein Bier getrunken und später habe ich sehr gut geschlafen.

Und zum Schluss

1 Sample answers
a Heute bin ich um 7.15 Uhr aufgestanden. **b** Zum Frühstück habe ich Brötchen mit Marmelade gegessen. **c** Ich habe zwei Tassen Tee getrunken. **d** Ich bin um 8.00 Uhr aus dem Haus gegangen. **e** Ich bin mit dem Bus und mit der U-Bahn gefahren. **f** Am Vormittag habe ich zwei Seminare gehabt. **g** Zu Mittag habe ich am Schreibtisch ein Baguette gegessen. Ich habe nicht in einem Restaurant gegessen. **h** Ich habe eine Flasche Mineralwasser getrunken. **i** Am Nachmittag habe ich am Computer gearbeitet. **j** Ja, ich habe gestern neue Joggingschuhe gekauft. **k** Ja, ich habe die Financial Times gelesen. **l** Ja, ich bin gestern gejoggt. **m** Ich bin am Abend ausgegangen. **n** Ja, ich habe gestern eine Stunde ferngesehen. **o** Ich habe ein Programm über Politik gesehen. **p** Ja, ich habe kurz Instagram und Twitter gecheckt. Ich habe aber nichts gepostet. **q** Ich bin um Mitternacht ins Bett gegangen. **r** Früher habe ich immer Morrissey gehört. Jetzt höre ich gern Adele. **s** Früher habe ich in meiner Freizeit gern Fußball gespielt. Jetzt sehe ich in meiner Freizeit gern Fußballspiele im Fernsehen.

2 i a Er geht jedes Wochenende auf den Flohmarkt. **b** Er hat das Bild *Ruth und Naemi* von Julius Hübner gefunden. **c** 1945 hat man das Bild aus der Alten Nationalgalerie genommen und in einem Turm versteckt. **d** Sie hat es sechs Monate lang restauriert. **e** Es hängt jetzt wieder in der Alten Nationalgalerie.

ii a Falsch. Meistens findet er nichts Besonderes. **b** Falsch. Das Bild zeigt Ruth und Naemi. **c** Falsch. Er hat es für ein paar Euro gekauft. **d** Richtig.

Lektion 9

Abschnitt A

Übungen
1 a *ein Studentenwohnheim*; **b** eine Wohngemeinschaft; **c** ein Hochhaus; **d** ein Reihenhaus; **e** ein Zweifamilienhaus; **f** eine Altbauwohnung; **g** ein Hotel; **h** ein Einfamilienhaus.
2 a Garten; **b** 88 m²; **c** Blick; **d** Stadtzentrum; **e** Miete; **f** Zimmer; **g** Wohngemeinschaft; **h** Verkehrsverbindungen.

Grammatik
1 i a mit d**em** Bus; **b** mit d**er** U-Bahn; **c** in ein**em** Einfamilienhaus; **d** in ein**em** Hochhaus; **e** in ein**em** Studentenwohnheim; **f** in ein**em** Café; **g** in ein**er** Altbauwohnung; **h** in sein**er** neuen Wohnung; **i** mit ihr**er**

Schwester; **j** mit sein**em** Bruder.
ii a In d**en** Zimmer**n**; **b** In d**en** Seminaren; **c** mit d**en** anderen Studen**ten**; **d** zu mein**en** Eltern; **e** In d**en** Hochhäuser**n**; **f** mit sein**en** zwei Töchter**n**; **g** zu sein**en** Geschwister**n**; **h** mit sein**en** Freunde**n**.
2 a *Ja, ich wohne noch in meiner alten Wohnung.* **b** *Ja, ich arbeite noch gern in meinem Garten.* **c** Ja, ich fahre meistens mit meinem Auto zur Arbeit. **d** Ja, ich habe gestern mit meiner Schwester telefoniert. **e** Ja, ich bin mit meinem Bruder in den Urlaub gefahren. **f** Ja, ich fahre am Wochenende noch oft zu meinen Eltern. **g** Ja, ich gehe noch oft mit meinen Freunden ins Kino. **h** Ja, ich bin gestern Abend mit meiner Freundin / meinem Freund ins Theater gegangen.

Abschnitt B

Übungen
1 1 = e; 2 = f; 3 = d; 4 = h; 5 = i; 6 = b; 7 = c;
8 = a; 9 = g.
2 a *leicht*; **b** schnell; **c** langsam; **d** spät; **e** teuer; **f** schwer; **g** leise; **h** neu; **i** hell.
3 Wohnheim; Bad; Staubsauger; Kühlschrank; Schrank; Zentrum; ruhig; Blick; Zentralheizung; weit; Flur; Arbeitsraum; Raum; Kinderzimmer; Zimmer; Küche; Sessel; Wohnung; Sofa; Bett; Tisch; Regal; Balkon; Keller; Klo; hell; Reihenhaus; Haus; Miete; Hochhaus; Rechnung; Garten.

Grammatik
1 a die Fleischer**ei** – die Bäcker**ei**; **b** das Muse**um** – das Studi**um**; **c** die Vorles**ung** – die Zeit**ung**; **d** der Keller – der Computer; **e** das Auto – das Kino; **f** die Mann**schaft** – die Wohngemein**schaft**; **g** die Informa**tion** – die Lek**tion**; **h** die Flasche – die Frage; **i** der Hon**ig** – der Kön**ig**; **j** das Mäd**chen** – das Bröt**chen**.
2 a männlich: *Fernseher*; Wagen; Wecker; Tennisschläger; Teller; Keller; König; Idealismus. **b weiblich**: *Waschmaschine*; Pflanze; Miete; Umgebung; Küche; Vergangenheit; Kleidung; Prüfung; Fleischerei; Zeitung; Kultur; Wohngemeinschaft; Vorlesung; Touristeninformation; Hautcreme; Minute. **c sächlich**: *Brötchen*; Kino; Instrument; Medikament; Büro; Würstchen; Museum; Studium; Studio; Foto.
3 a Das; **b** der; **c** das; **d** die; **e** das **f** die; **g** das; **h** die.

Abschnitt C

Übungen
1 A Stadt Es ist multikulturell. Man kann gut einkaufen. Das Nachtleben ist fantastisch. Es ist laut. Es gibt viele Museen und Kinos. Es ist schmutzig. Es ist sehr hektisch.
B Land *Die Luft ist gut.* Das kulturelle Angebot ist nicht so gut. Die Leute haben Zeit und sind nicht so gestresst. Die

Verkehrsverbindungen sind nicht so gut. Es ist grün und es gibt viel Natur. Es gibt wenig Stress. Es ist ein bisschen langweilig.
2 a I in; **2** machen; **3** kulturelle; **4** Kunst; **5** dem; **6** Leben; **7** Stadtteil. **b** I gelebt; **2** bin; **3** Leute; **4** besser; **5** gern. **c** I auf; **2** gehabt; **3** studiert; **4** gearbeitet; **5** wieder; **6** stressig.

Grammatik

I a älter; **b** altmodischer; **c** ärmer; **d** billiger; **e** bunter; **f** früher; **g** hässlicher; **h** hektischer; **i** interessanter; **j** kälter; **k** langweiliger; **l** langsamer; **m** lauter; **n** schlechter; **o** schwerer; **p** stressiger; **q** wärmer; **r** besser; **s** dunkler; **t** höher; **u** teurer.
2 a *Nein, in der Stadt ist es lauter als auf dem Land.* **b** Nein, in der Stadt ist die Luft schlechter als auf dem Land. **c** Nein, in der Stadt ist es interessanter als auf dem Land. **d** Nein, in der Stadt ist das Leben schneller als auf dem Land. **e** Nein, in der Stadt ist das kulturelle Angebot größer als auf dem Land. **f** Nein, in der Stadt haben die Menschen weniger Zeit als auf dem Land. **g** Nein, in der Stadt sind die Mieten meistens teurer als auf dem Land. **h** Nein, in der Stadt ist das Leben hektischer als auf dem Land.

Abschnitt D

Übungen

I I = g; 2 = f; 3 = a; 4 = h; 5 = d; 6 = b; 7 = j; 8 = e; 9 = c; 10 = i.
2 a 2, 6; **b** I, 2, 6; **c** 7, 9; **d** 8; **e** 4; **f** 3; **g** 5.

Grammatik

I	Komparativ	Superlativ
a *billig*	*billiger*	*am billigsten*
b warm	wärmer	am wärmsten
c kalt	kälter	am kältesten
d lang	länger	am längsten
e interessant	interessanter	am interessantesten
f hektisch	hektischer	am hektischsten
g hoch	höher	am höchsten
h teuer	teurer	am teuersten
i friedlich	friedlicher	am friedlichsten
j dunkel	dunkler	am dunkelsten
k gern	lieber	am liebsten
l gut	besser	am besten

2 a Der Nil ist länger als der Rhein, aber der Amazonas ist am längsten. **b** Rom ist älter als Berlin, aber Damaskus ist am ältesten. **c** Kanada ist größer als Deutschland, aber Russland ist am größten. **d** Der Hase ist schneller als der Löwe, aber der Gepard ist am schnellsten. **e** Der Maserati GranSport Spyder ist teurer als der BMW M6, aber der Ferrari 488 GTB ist am teuersten. **f** In Kairo ist es wärmer als in Berlin, aber in Neu Delhi ist es am wärmsten. **g** In Sukkertoppen, Grönland, ist es kälter als in Fairbanks,

USA, aber in Yellowknife, Kanada, ist es am kältesten. **h** Der Toyota Aygo ist billiger als der Opel Corsa, aber der Volkswagen up! ist am billigsten.

Und zum Schluss

I Sample answers
a Ich wohne in einem Reihenhaus. **b** Mein Haus hat vier Zimmer – ein Wohnzimmer, ein Esszimmer, ein Schlafzimmer und ein Arbeitszimmer. Und es hat natürlich auch eine Küche und ein Badezimmer. **c** Nein, ich habe kein Gästezimmer. **d** Die Zimmer sind ziemlich klein und dunkel. Aber das Schlafzimmer ist groß und hell. Mein Arbeitszimmer hat einen Schreibtisch, einen Computer, einen Scanner, einen Drucker, ein Telefon, zwei Regale und einen Stuhl. **e** Ja, ich habe einen kleinen Garten. **f** Ja, ich wohne mit meiner Partnerin / meinem Partner zusammen. **g** Wir haben alte und moderne Möbel. **h** Ja, wir brauchen eine neue Küche. **i** Ja, unser Haus liegt ziemlich ruhig. **j** Typisch für meinen Stadtteil ist, dass hier viele jüngere und ältere Leuten leben. Wir haben auch einen schönen Markt zweimal die Woche. In den letzten Jahren ist mein Stadtteil multikultureller geworden. **k** Es ist etwa 200 Meter bis zum nächsten Supermarkt. **l** Ich wohne direkt in der Stadt. **m** Ich wohne seit drei Jahren in meinem Haus. **n** Ich lebe sehr gern in meinem Haus. **o** Ja, ich mache ziemlich oft Ausflüge in die Umgebung. Ich fahre gern aufs Land und besuche kleine Städte und Dörfer. Die Umgebung hier ist sehr grün und schön. **p** Ich wohne lieber in der Stadt. In der Stadt gibt es mehr zu tun. **q** In der Stadt gibt es Kinos, Theater, Museen etc. **r** Auf dem Land kann man sich besser ausruhen.
2 i I = h; 2 = e; 3 = f; 4 = b; 5 = c; 6 = a; 7 = d; 8 = g.
ii a ii; **b** ii; **c** i; **d** i; **e** i; **f** i; **g** ii; **h** i.

Lektion 10

Abschnitt A

Übungen

I a Ausdruck; **b** Neues; **c** Secondhandshops; **d** Typ; **e** Outfit; **f** Sachen; **g** Leute; **h** Modetrends; **i** Markenkleidung.
2

(✓)	(✗)
b c e h	a d f g

3 a sportliche **b** schwarze Sachen **c** langweilige Sachen **d** Ich trage gern modische Sachen. **e** Ich trage gern elegante Sachen. **f** Ich trage nie bunte Sachen. **g** Er trägt gern individuelle Sachen.

Grammatik

1 a Das ist eine ruhige Wohnung. **b** Das ist ein großer Garten. **c** Das ist ein alter Fernseher. **d** Das ist ein kleines Zimmer. **e** Das war ein tolles Wochenende. **f** Das war ein schöner Abend. **g** Das sind altmodische Möbel. **h** Das waren sehr nette Leute. **i** Das ist eine gute Idee. **j** Das ist eine prima Idee. **k** Das war eine super Party.

2 i a gute; **b** talentierter; **c** fantastischer; **d** interessantes; **e** gefährlicher; **f** leckeres, ungesundes; **g** schöne, komplizierte.

ii Sample answers

a Ich finde, Beyoncé ist eine talentierte Sängerin. **b** Ich finde, Benedict Cumberbatch ist ein fantastischer Schauspieler. **c** Ich finde, *Moonlight* ist ein langweiliger Film. **d** Ich finde, *Harry Potter* ist ein aufregendes Buch. **e** Ich finde, Boxen ist ein brutaler Sport. **f** Ich finde, Fish und Chips ist ein typisches englisches Essen. **g** Ich finde, Deutsch ist eine sehr schwere Sprache.

Abschnitt B

Übungen

1 a das Hemd; **b** die Hose; **c** die Mütze; **d** die Jacke; **e** der Rock; **f** der Mantel; **g** die Krawatte; **h** der Anzug; **i** die Schuhe; **j** *die Stiefel*; **k** die Brille; **l** der Schal; **m** die Handschuhe.

2 i a die Schuhe; **b** *die Hüte*; **c** die Anzüge; **d** die Röcke; **e** die Strümpfe. **ii a** die Blusen; **b** die Hosen; **c** die Jacken; **d** die Krawatten; **e** die Mützen. **iii a** die Kleider; **b** *die Hemden*. **iv a** die T-Shirts; **b** die Outfits. **v a** *die Pullover*; **b** die Stiefel; **c** die Gürtel; **d** die Mäntel.

3 a Richtig. **b** Falsch. Zu Hause trägt sie gern Jeans und Pullover. **c** Falsch. Sie trägt gern alles, was modisch ist. **d** Richtig. **e** Falsch. Bei der Arbeit muss sie einen schwarzen Rock mit einer weißen Bluse tragen. **f** Falsch. Sie zieht nicht so gern Blusen und Röcke an. / Blusen und Röcke zieht sie nicht so gern an. **g** Richtig.

Grammatik

1 a weißen; **b** grauen; **c** schwarzen; **d** dunklen; modischen; **e** hellen; schwarzen.

2 a eine alte Jeans mit einem alten Hemd und bequemen Schuhen; **b** einen blauen Anzug mit einer roten Krawatte und schwarzen Schuhen; **c** eine Jeans mit einem modischen T-Shirt und schicken Puma-Schuhen; **d** eine elegante Bluse mit einem schönen Rock und eleganten Schuhen; **e** einen dicken Mantel mit einem warmen Pullover und warmen Stiefeln; **f** ein schönes Kleid mit leichten Sommerschuhen; **g** eine schicke Jeans mit einem modischen Diesel-Sweatshirt und modischen Puma-Schuhen.

3 a 4; **b** 5; **c** 6; **d** 2; **e** 1; **f** 3; **g** 7.

Abschnitt C

Übungen

1 a *eine Bad-Taste-Party*; **b** eine Geburtstagsfeier; **c** eine Studentenparty; **d** eine Hochzeit; **e** eine Grillparty; **f** Weihnachten; **g** Silvester; **h** eine Hauseinweihungsfeier.

2 1 e, g; **2** b, f; **3** a, h; **4** c, i; **5** d, j.

3

männlich	weiblich	sächlich	Plural
Schal	Creme	Bild	Blumen
Champagner	Uhr	Parfüm	Handschuhe
Hund	Pflanze		(Schuhe)
Hut	Lederjacke		
Sekt	Krawatte		
Schirm			
Pulli			

Grammatik

1 a Man kann *ihr* zehn rote Rosen schenken. **b** Man kann ihm ein Fußballtrikot von Manchester United schenken. **c** Man kann ihr ein Abonnement für die Oper schenken. **d** Man kann ihnen einen Kurztrip nach Paris schenken. **e** Man kann ihm eine Schachtel Pralinen schenken. **f** Man kann ihr einen Besuch in einem Wellnesscenter schenken. **g** Man kann ihnen eine Espressomaschine kaufen.

2 a Peter schenkt seiner Mutter ein Bild. **b** Sie haben ihren Freunden eine Flasche Champagner geschenkt. **c** Wir haben unserem Sohn ein neues Handy gekauft. **d** Hast du deiner Schwester ein Geschenk zum Geburtstag gekauft? **e** Wir haben unserer Tochter ein Auto geschenkt. **f** Fabian und Karin haben wir eine schöne Lampe geschenkt. **g** Hast du den Kindern eine SMS geschrieben? **h** Mein Großvater hat mir ein wunderbares Essen in einem teuren Restaurant bezahlt.

Abschnitt D

Übungen

1 a *die Kasse*; **b** der/die Verkäufer/in; **c** die Umkleidekabine; **d** die Damenabteilung; **e** die Beauty Lounge; **f** der Geldautomat; **g** der Ticketshop; **h** Young Fashion; **i** die Herrenabteilung; **j** die Lebensmittelabteilung.

2 1 *helfen*; **2** meinen; **3** liest; **4** Krimis; **5** empfehlen; **6** beliebt; **7** gelesen; **8** deutschen; **9** empfehlen; **10** spannender; **11** kostet; **12** nehme.

Grammatik

1 a Ihr; **b** uns; **c** mir; **d** uns; **e** ihm; **f** ihnen; **g** Ihnen; **h** dir; **i** euch.

Und zum Schluss

1 Sample answers
a Danke, mir geht's sehr gut. **b** Ja, Mode ist wichtig für
mich. **c** Bei der Arbeit ziehe ich normalerweise einen
dunkelgrauen Anzug und eine blaue Krawatte an. **d**
Zu Hause trage ich meistens eine alte Jeans und einen
hellblauen Pullover. **e** Ich trage gern modische Sachen. **f**
Ich trage nicht gern dunkle, langweilige Sachen. **g** Nein,
es gibt keinen typischen Kleidungsstil in meiner Stadt.
Die meisten Leute haben ein konservatives Outfit. **h**
Ja, mein Lieblingslabel ist Paul Smith. Ich denke, er ist
ein fantastischer Modedesigner. **i** Ja, in meinem Land
gibt es jetzt mehrere bekannte Modedesigner und
Modedesignerinnen. Sie sind aber noch nicht in Europa
bekannt. **j** Für eine Grillparty ziehe ich meine schwarze
Jeans mit einem T-Shirt an. **k** Auf einer Hochzeit trage
ich meinen silbergrauen Dior-Anzug und eine blau-rote
Krawatte mit schwarzen Schuhen und blau-roten Socken.
l Ich bringe ihm eine neue Beethoven-CD und das neue
Kochbuch von Jamie Oliver mit. **m** Ich bringe ihr den neuen
Lonely Planet Reiseführer über Peru mit. **n** Ich bringe ihnen
eine gute Flasche Sekt mit. **o** Ich finde, Fish und Chips ist
ein sehr leckeres Essen. **p** Ich finde ihn sehr talentiert. Er
ist ein fantastischer Schauspieler. **q** Meistens gefällt mir
meine Arbeit, aber manchmal ist sie auch stressig. **r** Ja,
die deutsche Sprache gefällt mir sehr. Sie ist aber sehr
kompliziert. **s** Ich empfehle ihr *Der Vorleser* von Bernhard
Schlink. Er ist ein interessanter deutscher Schriftsteller. **t**
Ich empfehle ihm das neue iPhone von Apple. Es ist teurer
als die anderen Marken, aber ich finde es auch besser.
2 a E; **b** S; **c** S; **d** E; **e** E; **f** K; **g** S; **h** S; **i** E; **j** K.

Lektion 11

Abschnitt A

Übungen
1 a *Strandurlaub*; **b** Städtereise; **c** All-Inclusive-Urlaub;
d Wellnessurlaub; **e** Abenteuerurlaub; **f** Skiurlaub;
g Aktivurlaub; **h** Erholungsurlaub; **i** Kurzurlaub; **j**
Kultururlaub.
2 a (X); **b** (✓); **c** (✓); **d** (✓); **e** (X); **f** (X); **g** (✓).
3 a bin ... *aufgestanden*; **b** bin ... gegangen; **c** bin ...
geschwommen; **d** bin ... gelegen; **e** habe ... gefühlt; **f** haben
... gemacht; **g** haben ... besucht; **h** hat ... gefallen; **i** bin ...
gegangen; **j** habe ... getrunken; **k** habe ... geschlafen.

Grammatik
1 a in die; **b** nach; **c** aufs; **d** in den; **e** ans; **f** nach; **g** zu; **h** in
die; **i** in; **j** auf.
2 1 in; **2** in; **3** Stadt; **4** gefallen; **5** freundlich; **6** ans; **7** kalt; **8**
in die; **9** nach; **10** nach.

Abschnitt B

Übungen
1 a Frühling; **b** Sommer; **c** Herbst; **d** Winter.
2 1 = e; **2** = h; **3** = i; **4** = c; **5** = a; **6** = d; **7** = g; **8** = b; **9** = f.

Grammatik
1 a Im Westen von Deutschland ist es neblig. **b** Im Osten
von Deutschland scheint die Sonne. **c** Im Norden von
Deutschland beträgt die Tagestemperatur 24 Grad. **d**
Im Nordwesten von Deutschland gibt es Gewitter. **e** Im
Südwesten von Deutschland hat es gestern geschneit. **f** Im
Norden von Spanien hat es Gewitter gegeben. **g** Im Süden
von Frankreich sind es heute 35 Grad.

Abschnitt C

Übungen
1 a Kanu und Kajak; **b** Bergsteigen; **c** Fahrradfahren;
d Kampfsportarten; **e** Reiten; **f** Tauchen; **g** Golf; **h**
Paragleiten; **i** Wandern; **j** Motorradfahren; **k** Surfen; **l**
Segeln.
2 i 1 wichtig; **2** mache; **3** Kampfsportarten; **4** Freundin; **5**
fit; **6** Außerdem; **7** Gemüse; **8** Bioladen; **9** Tee.
ii 1 arbeiten; **2** Sauna; **3** gesund; **4** hole; **5** aktiv; **6** Segeln;
7 Urlaub.

Grammatik (1)
1 1 = d; **2** = f; **3** = c; **4** = h; **5** = a; **6** = g; **7** = e;
8 = b.
2 a Wenn es morgen nicht regnet, gehen wir im Park
spazieren. **b** Wenn du morgen nicht so lange arbeitest,
gehen wir zusammen ins Fitnesscenter. **c** Wenn du Hunger
hast, gehen wir gleich essen. **d** Wenn unser bester Spieler
wieder fit ist, gewinnen wir das Finale. **e** Wenn du morgen
keine Zahnschmerzen mehr hast, gehen wir zusammen
shoppen. **f** Wenn ich morgen wieder gesund bin, kann ich
wieder arbeiten. **g** Wenn meine Freundin heute Abend
zu Hause ist, kann ich bei ihr essen. **h** Wenn das Wetter
morgen schön ist, gehen wir schwimmen.

Grammatik (2)
1 a soll; **b** soll; **c** Sollst; **d** will; **e** wollen; **f** Willst; **g** will; **h**
Darfst; **i** darf; **j** Darf; **k** dürfen; **l** Dürft.

Abschnitt D

Übungen
1 a der Kopf; **b** das Ohr; **c** die Nase; **d** die Zähne; **e** der
Mund; **f** das Auge; **g** der Hals; **h** der Bauch; **i** die Hand;
j das Knie; **k** das Bein; **l** der Fuß.

2 i a *die Arme*; **b** *die Köpfe*; **c** die Bäuche; **d** die Füße; **e** die Zähne; **f** die Hälse; **g** *die Münder*; **h** die Rücken; **i** *die Busen*; **j** *die Finger*.
ii a *die Nasen*; **b** die Zehen; **c** die Zungen; **d** die Lippen; **e** die Hände.
iii a *die Haare*; **b** *die Beine*; **c** die Knie; **d** die Gesichter; **e** *die Augen*.
3 1 = g; **2** = d; **3** = e; **4** = c; **5** = f; **6** = h; **7** = a; **8** = b.

Grammatik

1 a Ich habe Halsschmerzen. **b** Ich habe Ohrenschmerzen. **c** Ich habe Knieschmerzen. **d** Ich habe Beinschmerzen. **e** Ich habe Rückenschmerzen. **f** Ich habe Kopfschmerzen. **g** Ich habe Augenschmerzen. **h** Ich habe Zahnschmerzen.

Und zum Schluss

1 Sample answers

a Ja, ich treibe viel Sport. **b** Ich treibe fast jeden Tag Sport. **c** Ich spiele gern Fußball. **d** Tennis spiele ich nicht so gern. **e** Ja, ich gehe gern ins Fitnesscenter. Ich gehe jeden Tag ins Fitnesscenter. Eine Session dauert normalerweise etwa 50 Minuten. Man darf aber die Aufwärmung nicht vergessen. Ich laufe meistens auf dem Laufband und rudere auf dem Rudergerät. Außerdem mache ich gern Krafttraining. **f** Ich darf im Moment nicht jeden Sport treiben. Ich darf leider nicht Ski fahren. **g** Ich esse meistens gesund. Aber leider esse ich auch gern Schokolade und Kartoffelchips. **h** Ja, ich esse sehr viel Gemüse. Ich esse Karotten, Brokkoli, Spinat und Spargel. **i** Ich darf nicht fettig essen – zum Beispiel keine Butter und keinen Käse. **j** Ich trinke ziemlich viel Wasser am Tag – meistens trinke ich einen Liter oder mehr. **k** Ich schlafe meistens sieben Stunden pro Nacht. **l** Ja, das ist genug. **m** Ja, ich habe eine Fitnesswatch. Eine Fitnesswatch kann beim Trainieren helfen. **n** Ich denke schon, dass Leute heute mehr für ihre Gesundheit machen. Heute gibt es auch mehr Möglichkeiten, gesund zu essen und einen gesunden Lebensstil zu haben. **o** Ich bin in meinem letzten Urlaub mit meiner Freundin nach Berlin gefahren. Das war eine Kurzreise. **p** Es war ein Städteurlaub. Ein Strandurlaub interessiert mich nicht. Ich möchte lieber neue Städte kennenlernen. Schöne Gebäude, interessante Museen, gute Restaurants und ein aufregendes Nachtleben – das möchte ich im Urlaub erleben. **q** Wir haben bei einem alten Freund gewohnt. **r** Wir sind von Donnerstagabend bis Montagabend geblieben. **s** Wir haben sehr viel gemacht. Wir sind ins Museum gegangen. Wir waren auf dem Flohmarkt. Wir sind ins Theater gegangen. Wir haben in Restaurants gegessen. Wir sind mit dem Schiff auf der Spree gefahren. Wir sind viel spazieren gegangen. **t** Das Wetter war sehr gut – sonnig und warm, aber nicht zu warm. **u** Es hat uns sehr gut gefallen. **v** Das nächste Mal wollen wir nach Moskau fahren.

Lektion 12

Abschnitt A

Übungen

1 1 = c; **2** = e; **3** = g; **4** = b; **5** = i; **6** = f; **7** = a; **8** = h; **9** = d.
2 a *sprechen*; **b** Nachricht; **c** da; **d** zurückrufen; **e** Büro; **f** ausrichten; **g** Apparat; **h** verbinde; **i** besetzt; **j** Wiederhören.
3

1	2	3	4	5	6	7	8	9	10	11	12
d	f	j	e	h	c	k	g	l	i	a	b

Grammatik

1 a (X); **b** (✓); **c** (X); **d** (✓); **e** (✓); **f** (X); **g** (X); **h** (✓); **i** (✓); **j** (X); **k** (✓); **l** (X).

Abschnitt B

Übungen

1 a *Grundschule*; **b** Lehre; **c** Gymnasium; **d** Realschulabschluss; **e** Abitur; **f** Praktikum; **g** Werdegang; **h** Besondere Kenntnisse.
2 a *Franzose*; **b** arbeitslos; **c** Universität; **d** Lehre; **e** Lehrerin; **f** Automechaniker; **g** Student; **h** gute Chancen.
3 a *bin gegangen*; **b** sind gezogen; **c** habe besucht; **d** habe gemacht; **e** habe angefangen; **f** habe studiert; **g** bin gewesen; **h** habe gelernt; **i** habe gefunden.

Grammatik

1 i 1 *in*; **2** in; **3** in; **4** nach; **5** bei; **6** in; **7** nach; **8** seit; **9** in.
ii 1 in; **2** Von; **3** bis; **4** in; **5** auf; **6** Nach; **7** nach; **8** an; **9** Seit; **10** bei.
2 a *Ich bin 1994 geboren.* **b** Ich bin in Hamburg geboren. **c** Ich bin mit 6 Jahren in die Grundschule gegangen. / Mit 6 Jahren bin ich in die Grundschule gegangen. **d** Ich habe nach der Grundschule aufs Gymnasium gewechselt. / Nach der Grundschule habe ich aufs Gymnasium gewechselt. **e** Ja, ich habe 2013 das Abitur gemacht. **f** Ich habe nach dem Abitur 6 Monate in den USA gelebt. / Nach dem Abitur habe ich 6 Monate in den USA gelebt. **g** Ja, ich habe Informatik in Aachen studiert. **h** Ich habe 2017 meinen Abschluss gemacht. / Ich habe meinen Abschluss 2017 gemacht. **i** Ich arbeite seit 2018 bei RTL in Hamburg. / Seit 2018 arbeite ich bei RTL in Hamburg.

Abschnitt C

Übungen

1 Halle; Südtirol; Jena; Graz; *Bundesrepublik*; Bremen; Berlin; Gera; Bayern; München; Zürich; Wien.
Salzburg; Hamburg; Nürnberg; Dresden; Schweiz; Worms; Bern; *Österreich*; Linz; Kiel; Bonn; Ulm; Köln.
2 1 *Muttersprache*; **2** Regionen; **3** Ländern;

4 Hauptstadt; **5** Bekannt; **6** Arzneimittel; **7** Einwohner;
8 Sehenswürdigkeiten; **9** Wiedervereinigung; **10** Städte;
11 Ausländer; **12** Gesellschaft.
3 a Deutschland hat neun Nachbarländer. **b** Sie heißen
die Niederlande, Belgien, Luxemburg, Frankreich, die
Schweiz, Österreich, die Tschechische Republik, Polen und
Dänemark. **c** Die drei Bundesländer im Norden heißen
Schleswig-Holstein, Niedersachsen und Mecklenburg-
Vorpommern. **d** Die zwei Bundesländer im Süden heißen
Baden-Württemberg und Bayern. **e** Am größten ist Bayern.
f Die Hauptstadt von Niedersachsen heißt Hannover. **g**
Die Hauptstadt von Bayern heißt München. **h** Frankfurt am
Main liegt in Hessen. **i** Köln liegt in Nordrhein-Westfalen.
j Die Elbe fließt durch Hamburg. **k** Der Rhein fließt durch
Köln. **l** Die zwei Meere im Norden heißen die Nordsee und
die Ostsee. **m** Das Gebirge im Süden heißt die Alpen.

Grammatik

1 a *Ich denke, dass Berlin eine interessante Stadt ist.* **b** Viele
Leute glauben, dass die Deutschen keinen Humor haben.
c Peter denkt, dass viele Leute in Österreich konservativ
sind. **d** Viele Leute denken, dass ein wenig Alkohol gut für
die Gesundheit ist. **e** Ich glaube, dass morgen die Sonne
scheint. **f** Svenja sagt, dass sie mehr Sport machen will. **g**
Corinna sagt, dass sie früher in Barcelona gelebt hat. **h** Jörg
denkt, dass man in Bayern gut Urlaub machen kann.
2 a Ja, ich denke, dass die Deutschen viel Bier trinken. /
Nein, ich denke nicht, dass die Deutschen viel Bier trinken.
b Ja, ich glaube, dass *Harry Potter* ein gutes Buch ist. / Nein,
ich glaube nicht, dass *Harry Potter* ein gutes Buch ist. **c** Ja,
ich glaube, dass Kate Winslet eine gute Schauspielerin
ist. / Nein, ich glaube nicht, dass Kate Winslet eine gute
Schauspielerin ist. **d** Ja, ich glaube, dass ich gesund lebe. /
Nein, ich glaube nicht, dass ich gesund lebe. **e** Ja, ich denke,
dass Menschen heute gesünder leben als früher. / Nein,
ich denke nicht, dass Menschen heute gesünder leben
als früher. **f** Ja, ich denke, dass man in Deutschland viel
für die Umwelt tut. / Nein, ich denke nicht, dass man in
Deutschland viel für die Umwelt tut. **g** Ja, ich denke, dass
Deutsch eine schwere Sprache ist. / Nein, ich denke nicht,
dass Deutsch eine schwere Sprache ist. **h** Ja, ich glaube,
dass Berlin eine interessante Stadt ist. / Nein, ich glaube
nicht, dass Berlin eine interessante Stadt ist.

Abschnitt D

Übungen

1 a Muttersprache; **b** Fremdsprache; **c** Grammatik; **d**
Schreiben, Sprechen; **e** Artikel; **f** Großschreibung; **g**
Englisch; **h** Sprachkurs.
2 a *Personalpronomen*; **b** Artikel; **c** trennbare Verben;
d Modalverben; **e** Präpositionen; **f** Geschlecht; **g** Nomen; **h**
Adjektive; **i** Possessivpronomen; **j** Konjunktionen.
3 a (*X*); **b** (✓); **c** (*X*); **d** (✓); **e** (✓); **f** (✓).

Grammatik

1 a und; **b** denn; **c** aber; **d** wenn; **e** obwohl; **f** oder; **g** dass;
h weil.
2 i a … oft geschäftlich nach Frankfurt fährt. **b** Susanna lernt
Deutsch, weil sie die Musik von Mozart und Beethoven
liebt. **c** Richard lernt Deutsch, weil er gern Sprachen lernt.
d Carlo lernt Deutsch, weil es gut für seine Karriere ist. **e**
Myriam lernt Deutsch, weil sie die deutsche Sprache sehr
schön findet. **f** Magda lernt Deutsch, weil sie in Österreich
arbeiten möchte. **g** Blanca und Robin lernen Deutsch, weil
sie in Deutschland Urlaub machen wollen.
ii Sample answer
Ich lerne Deutsch, weil meine Freundin/mein Freund aus
Deutschland kommt.

Und zum Schluss

1 Sample answers
a Ich komme aus Peru. **b** Peru hat fast 30 Millionen
Einwohner. **c** In Peru spricht man Spanisch und auch
amerindische Sprachen. **d** Die Hauptstadt heißt Lima. **e**
Es gibt zum Beispiel auch Arequipa und Huancayo. **f** Mein
Land ist zum Beispiel für die Inkas bekannt. Aber auch für
Exporte von Metallen wie Gold und Kupfer und von Kaffee.
g Ich bin in Huancayo geboren. **h** Ich bin 1989 geboren. **i**
Ich bin in Huancayo in die Schule gegangen. **j** Ich habe 2007
meinen Schulabschluss gemacht. **k** Nach der Schule habe ich
gleich studiert. **l** Im Moment studiere ich an der Universität
Leeds. **m** Ich lerne Deutsch seit sieben Monaten. **n** Ich lerne
Deutsch, weil ich später in Deutschland studieren will. **o** Ja,
ich glaube, dass Deutsch eine schwere Sprache ist, weil die
Grammatik sehr kompliziert ist. **p** Nein, ich bin noch nicht in
Deutschland, Österreich oder der Schweiz gewesen. **q** Ja, ich
möchte diesen Sommer gern Deutschland, Österreich und
die Schweiz besuchen. Ich möchte Wien besuchen, weil es
eine schöne und alte Stadt ist. Ich möchte die Kaffeehäuser,
die vielen Museen und das Hundertwasserhaus sehen.

2 Text A: Südtirol a Falsch. Südtirol heißt offiziell
Autonome Provinz Bozen. **b** Richtig. **c** Falsch. Fast
70 Prozent der Einwohner sprechen Deutsch als
Muttersprache. **d** Falsch. Alle Mitarbeiter von öffentlichen
Ämtern müssen Deutsch und Italienisch können. **e** Richtig.
f Falsch. Der Anteil der Bevölkerung mit Italienisch als
Muttersprache ist leicht zurückgegangen. **g** Falsch. Im
Norden und im Osten grenzt Südtirol an Österreich.
h Richtig. **i** Falsch. Wenn man den Brennerpass benutzt,
muss man eine Maut bezahlen.
Text B: Warum ich Berlin mag
a aus einer kleinen Stadt in den USA. **b** von Manchester
nach Berlin gezogen. **c** wer sie will. **d** wirklich toll ist.
e entspannter ist (als in den USA) und dass sie mehr
Freiheiten hat.

Glossary

This glossary lists the most important words that you have met during the course. It is not intended to be comprehensive.
* indicates that a verb or its root form is irregular. Many of these verbs are listed on page 250 of the main book.
| indicates that a verb is separable (e.g. an|rufen).

A

der Abend (-e)	evening
das Abendbrot (-e)	supper
zum Abendbrot	for supper
abends	in the evening
das Abenteuer (-)	adventure
aber	but, however
ab|fahren*	to depart
die Abfahrt (-en)	departure
ab|heben*	to take off
ab|holen	to pick up, fetch
das Abitur (-e)	leaving exam at Gymnasium, roughly A-levels
das Abonnement (-s)	subscription
die Abteilung (-en)	department
Achtung!	attention!, watch out!
die Adresse (-n)	address
die Ahnung (-en)	idea, notion
aktualisieren	to update
der Alkohol	alcohol
alles	everything
der Alltag (-e)	everyday life
alt	old
die Altbauwohnung (-en)	flat in a period block
das Alter	age
altmodisch	old-fashioned
die Ampel (-n)	traffic lights
die Ananas (-)	pineapple
andere	other, different
der Anfang (¨e)	beginning
an|fangen*	to begin, start
das Angebot (-e)	offer; range
angenehm	pleasant
angespannt	tense, fraught
der/die Angestellte (-n)	employee
die Anglistik	English language and literature
an|kommen*	to arrive
an|probieren	to try on
die Anreise (-n)	arrival
an|reisen	to arrive (by vehicle)
an|rufen*	to telephone, call up
anschließend	afterwards, subsequently
anstrengend	tiring, strenuous
die Antwort (-en)	answer
an|ziehen*	to put on
der Anzug (¨e)	suit
der Apfel (¨)	apple
die Apotheke (-n)	chemist shop, pharmacy
der Apparat (-e)	apparatus, phone
die Arbeit (-en)	work

arbeiten	to work
arbeitslos	unemployed
der Arbeitsraum (¨e)	study
arm	poor
der Arm (-e)	arm
der Arzt (¨e) / die Ärztin (-nen)	doctor
der Atlantik	Atlantic
auch	also
Auf Wiedersehen!	Goodbye!
der Aufenthalt (-e)	stay
auf|machen	to open, undo
aufregend	exciting
auf|stehen*	to get up
das Auge (-n)	eye
der Augenblick (-e)	moment
der Ausdruck (¨e)	expression
der Ausflug (¨e)	excursion, outing
ausgestattet	equipped
ausgezeichnet	excellent
die Auskunft (¨e)	information, directory enquiries
das Ausland: im Ausland	abroad
der Ausländer (-) / die -in (-nen)	foreigner
aus|probieren	to try out
jemandem etwas aus|richten	to pass on a message to someone
die Aussage (-n)	statement
aus|sehen*	to look, appear
außerdem	besides that, also
außerhalb	outside
die Aussicht (-en)	prospect, outlook
die Ausstellung (-en)	exhibition
das Auto (-s)	car
der Automat (-en)	(vending) machine
der Automechaniker / die -in (-nen)	mechanic
die Autowerkstatt (¨en)	car repair shop

B

das Baby (-s)	baby
backen*	to bake
die Bäckerei (-en)	bakery
das Bad (¨er)	bath
das Badezimmer (-)	bathroom
das Baguette (-n/-s)	baguette
die Bahn	rail, railway
der Bahnhof (¨e)	railway station
bald	soon
der Balkon (-s/-e)	balcony
die Bank (-en)	bank

der Banker (-) / -in (nen)	banker
der Bankkaufmann (¨er) / die -frau (-en)	qualified bank clerk
der Bauch (¨e)	stomach, belly
bauen	to build
der Baum (¨e)	tree
Bayern	Bavaria
beantworten	to answer
der Becher (-)	beaker, cup; sundae dish
bedeckt	overcast
bedienen	to serve
das Bedienungsgeld (-er)	service charge, tip
beenden	to finish
begrüßen	to welcome, greet
die Begrüßung (-en)	greeting
das Bein (-e)	leg
das Beispiel (-e)	example
bekannt	famous, well known
bekommen*	to get
beliebt	popular
benutzen	to use
das Benzin	petrol, gasolene
bequem	comfortable
beraten*	to advise
der Bereich (-e)	area, sphere
bereit	ready
der Berg (-e)	mountain
der Beruf (-e)	profession, occupation
berufstätig	working, employed
berühmt	famous
besetzt	busy, engaged
besonders	especially
Besonderes: nichts Besonderes	nothing special
besorgen	to see to, take care of
bestätigen	to confirm
bestellen	to order
die Bestellung (-en)	order
besuchen	to visit
betragen*	to amount to
das Bett (-en)	bed
die Bewerbung (-en)	application
bezahlen	to pay
die Bibel (-n)	Bible
die Bibliothek (-en)	library
das Bier (-e)	beer
der Biergarten (¨)	beer garden
bieten*	to offer
das Bild (-er)	picture
der Bildschirm (-e)	screen
die Bildung	education
billig	cheap
der Bioladen (¨)	health-food shop
bis	until, by
bisschen – ein bisschen	a bit (of)
bitte	please
blau	blue
bleiben*	to stay
die Blume (-n)	flower
der Blumenkohl (-e)	cauliflower
die Bluse (-n)	blouse
die Bohne (-n)	bean
der/das Bonbon (-s)	sweet
das Boot (-e)	boat
die Bordkarte (-n)	boarding card

die Bratwurst (¨e)	fried sausage
brauchen	to need
braun	brown
der Brief (-e)	letter
der Brieffreund (-e) / die -in (-nen)	pen-friend
bringen*	to bring
der Brokkoli (-/s)	broccoli
das Brot (-e)	bread
das Brötchen (-)	bread roll
die Brücke (-n)	bridge
der Bruder (¨)	brother
die Brust (¨e)	chest, breast
das Buch (¨er)	book
buchen	to book, reserve
die Buchhandlung (-en)	bookstore
der Buchstabe (-n)	letter
buchstabieren	to spell
die Bundesrepublik Deutschland	the Federal Republic of Germany
bunt	colourful
das Büro (-s)	office
der Bus (-se)	bus
der Busfahrer (-) / die -in (-nen)	bus driver
die Bushaltestelle (-n)	bus stop
die Butter	butter

C

das Café (-s)	café
die CD (-s)	CD
der Champagner (-)	champagne
checken	to check
der Chef (-s) / die Chefin (-nen)	head, boss
die Chemie	chemistry
das Comicheft (-e)	comic
der Computer (-)	computer
der Cousin (-s) / die Cousine (-n)	cousin
die Creme (-n)	cream (pharmaceutical)

D

da	there; also: here
damals	then, at that time
die Dame (-n)	lady
danach	after that, afterwards
daneben	next to
der Dank – Vielen Dank	thanks – Many thanks
danke – Danke schön	thank you – Thank you very much
danken (+ dat)	to thank
dann	then
darüber hinaus	furthermore
dauern	to last
denken*	to think
deponieren	to deposit
der Designer (-) / die -in (-nen)	designer
Deutsch	German (language)
Deutscher / Deutsche	German (person)
dick	fat
die Disco / Disko (-s)	disco
der Dom (-e)	cathedral
das Dorf (¨er)	village
dort	there

die Dose (-n)	*can*
die Drogerie (-n)	*drug store*
der Druck (¨e)	*pressure*
dunkel	*dark*
dürfen*	*to be allowed to*
durstig	*thirsty*
die Dusche (-n)	*shower*
duschen	*to shower*
die DVD (-s)	*DVD*

E

die Ecke (-n)	*corner*
eigentlich	*actually*
ein|checken	*to check in*
einfach	*single (journey); simple*
das Einfamilienhaus (¨er)	*detached family house*
ein|führen	*to introduce*
ein|kaufen	*to shop*
ein|laden*	*to invite*
die Einladung (-en)	*invitation*
einmal	*once*
der Eintritt (-e)	*entrance; start*
der Einwohner (-)	*inhabitant*
ein|ziehen*	*to move in*
das Eis	*ice cream*
das Elektroauto (-s)	*electric car*
der Elektroladen (¨)	*electrical goods shop*
die Eltern (*pl*)	*parents*
die E-Mail (-s)	*e-mail*
der Emigrant (-en) / die Emigrantin (-nen)	*emigrant*
die Empfangsdame (-n)	*receptionist (female)*
empfehlen*	*to recommend*
das Ende (-n)	*end*
der Engländer (-) / die Engländerin (-nen)	*Englishman, -woman*
der Enkelsohn (¨e) / die -tochter (¨)	*grandson / -daughter*
entdecken	*to discover*
enthalten*	*to contain*
enthalten	*covered, included*
entlassen*	*to release; to dismiss*
die Entscheidung (-en)	*decision*
entschuldigen	*to excuse*
die Entschuldigung (-en)	*excuse*
entspannt	*relaxed*
die Erbse (-n)	*pea*
die Erde	*the Earth*
die Erfahrung (-en)	*experience*
erfinden*	*to invent*
ergänzen	*to complete*
das Ergebnis (-se)	*result*
erhalten*	*to receive*
erledigen	*to attend to, do*
erreichbar	*reachable*
erreichen	*to reach*
erscheinen*	*to appear*
erst	*only, not until*
erzählen	*to tell, narrate*
essen*	*to eat*
die Etage (-n)	*storey, floor*
etwas	*something*
der Euro (-)	*euro*
evangelisch	*Protestant*
das Examen (-)	*examination*

F

das Fach (¨er)	*subject*
fahren*	*to go (in a vehicle), drive*
die Fahrkarte (-n)	*ticket*
der Fahrplan (¨e)	*timetable (for transport)*
das Fahrrad (¨er)	*bicycle*
die Fahrtkosten (*pl*)	*transportation costs*
die Familie (-n)	*family*
der Familienstand	*marital status*
die Farbe (-n)	*colour*
die Faxnummer (-n)	*fax number*
fehlen	*to be missing, lacking*
die Feier (-n)	*celebration*
Feierabend machen	*to finish work*
feiern	*to celebrate*
der Feiertag (-e)	*public holiday*
die Ferien (*pl*)	*holidays*
der Ferienort (-e)	*holiday location, resort*
fern|sehen*	*to watch TV*
der Fernseher (-)	*TV set*
fertig	*finished, ready*
das Fest (-e)	*party, celebration*
das Festnetz (-e)	*landline*
das Fett (-e)	*fat*
der Film (-e)	*film*
der Finanzberater (-) / die -in (-nen)	*financial advisor*
finden*	*to find, think*
der Finger (-)	*finger*
der Fisch (-e)	*fish*
das Fitnesscenter (-s), -studio (-s)	*gym*
die Flasche (-n)	*bottle*
die Flatrate (-s)	*flat rate*
das Fleisch	*meat*
die Fleischerei (-en)	*butcher's*
fliegen*	*to fly*
fließend	*fluent(ly)*
der Flohmarkt (¨e)	*flea market*
der Flug (¨e)	*flight*
der Flughafen (¨)	*airport*
das Flugzeug (-e)	*plane*
der Flur (-e)	*corridor; hall*
das Foto (-s)	*photo*
der Fotograf (-en) / die -in (-nen)	*photographer*
fotografieren	*to take photos*
die Frage (-n)	*question*
fragen	*to ask*
der Franzose (-n) / die Französin (-nen)	*Frenchman / -woman*
Französisch	*French (language)*
die Frau (-en)	*woman; Mrs*
frei	*free, vacant*
freiberuflich	*freelance*
die Freiheit (-en)	*freedom*
die Freiwilligenarbeit (-en)	*volunteering*
der Freund (-e) / die Freundin (-nen)	*boyfriend / girlfriend; friend*
friedlich	*peaceful, peaceable*
frisch	*fresh*
der Friseur (-) / die -in (-nen)	*hairdresser*
die Frisur (-en)	*hairstyle*
die Frucht (¨e)	*fruit*

früh	early
der Frühling (-e)	spring
das Frühstück (-e)	breakfast
zum Frühstück	for breakfast
frühstücken	to have breakfast
fühlen	to feel
der Führerschein (-e)	driving licence
der Fuß (¨e)	foot
der Fußball (¨e)	football
die Fußgängerzone (-n)	pedestrian precinct

G

der Garten (¨)	garden
der Gast (¨e)	guest
das Gebäude (-)	building
geben*	to give
das Gebiet (-e)	area, region
die Gebühr (-en)	fee
der Geburtsort (-e)	place of birth
der Geburtstag (-e)	birthday
gefährlich	dangerous
gefallen* (+ dat)	to be pleasing
Es gefällt mir.	I like it.
gegen	around (of time); against
das Gegenteil (-e)	opposite
der Geheimtipp (-s)	secret tip
gehen*	to go
gehören (+ dat)	to belong to
der Geländewagen (-)	four-by-four, all-terrain vehicle
gelangen	to get to
gelb	yellow
das Geld (-er)	money
gemischt	mixed
das Gemüse	vegetables
gemütlich	cosy
genau	exact(ly), precise(ly)
genug	enough
geöffnet	open
das Gepäck	luggage
geradeaus	straight ahead
das Gericht (-e)	dish
gern – Ich trinke gern Tee.	I like drinking tea.
das Geschäft (-e)	business; shop
geschäftlich	on business
das Geschenk (-e)	present
die Geschichte (-n)	history; story
geschieden	divorced
der Geschlecht (-er)	gender, sex
der Geschmack (¨er)	taste
geschmackvoll	tasteful(ly)
die Geschwister (pl)	brothers and sisters
die Gesellschaft (-en)	society
das Gesicht (-er)	face
gesund	healthy, well
die Gesundheit	health
das Getränk (-e)	drink
das Gewicht (-e)	weight
gewinnen*	to win
das Gewitter (-)	thunderstorm
die Gitarre (-n)	guitar
das Glas (¨er)	glass
glauben	to believe
gleich	straight away; also: equal, same
das Gleis (-e)	track
das Glück	fortune, luck; happiness

glücklich	happy
die Grafik (-en)	picture; graphic art
der Grafiker (-),	illustrator; graphic designer
die -in (-nen)	
das Gramm (-e)	gram
grau	grey
die Grenze (-n)	border
die Grippe (-n)	flu
groß	large, big
die Großmutter (¨)	grandmother
der Großonkel (-) /	great uncle / aunt
die -tante (-n)	
der Großvater (¨)	grandfather
grün	green
gründen	to establish, found
die Grundschule (-n)	primary school
ins Grüne	into the countryside
günstig	favourable; reasonable (of price)
die Gurke (-n)	cucumber; gherkin
der Gürtel (-)	belt
gut	good, fine
das Gymnasium (...ien)	grammar school

H

das Haar (-e)	hair
der Haartrockner (-),	hair-dryer
-fön (-e)	
haben*	to have
der Hafen (¨)	port, harbour
das Hähnchen (-)	chicken
die Hähnchenbrust (¨e)	chicken breast
die Halbpension	half board
der Hals (¨e)	neck, throat
halten*	to stop
die Hand (¨e)	hand
der Handschuh (-e)	glove
die Handtasche (-n)	handbag
das Handtuch (¨er)	towel
das Handy (-s)	mobile phone, cell phone
der Handyladen (¨)	mobile phone shop
die Handynummer (-n)	mobile number
der Handytarif (-e)	mobile phone tariff
der Hang (¨e)	slope, incline
hängen*	to hang
hassen	to hate
hässlich	ugly
häufig	frequently
das Hauptgericht (-e)	main course
als Hauptgericht	for the main course
die Hauptstadt (¨e)	capital city
das Haus (¨er)	house
die Hauseinweihungsfeier	house-warming party
(-n)	
die Hausfrau (-en)	housewife
der Hausmann (¨er)	house husband
die Haut (¨e)	skin
das Heimspiel (-e)	home match
heiraten	to marry
heiß	hot
heißen*	to be called
heiter	bright, fine
hektisch	hectic
helfen* (+ dative)	to help
hell	light, bright
das Hemd (-en)	shirt

der Herbst (-e)	autumn
der Herr (-en)	gentleman; Mr
herunter|laden*	to download
das Herz (-en)	heart
heute	today
hier	here
hierbei	for this
hin und zurück	return; there and back
hinterlassen*	to leave (message etc.)
das Hobby (-s)	hobby
das Hochhaus (¨er)	tower block
die Hochzeit (-en)	wedding
hoffen	to hope
hoffentlich	hopefully
höflich	polite
der Höhepunkt (-e)	highlight
holen	to fetch, to get
der Honig	honey
hören	to hear
die Hose (-n)	(a pair of) trousers
das Hotel (-s)	hotel
der Hubschrauber (-)	helicopter
der Hund (-e)	dog
hungrig	hungry
der Hut (¨e)	hat

I

die Idee (-n)	idea
der Imbissstand (¨e)	hot-dog stand
immer	always
die Informatik	computer science
der Ingenieur (-e) /	engineer
die -in (-nen)	
die Innenstadt (¨e)	town centre
die Insel (-n)	island
insgesamt	all together
interessant	interesting
der Internetzugang (¨e)	internet access
Italienisch	Italian

J

die Jacke (-n)	jacket
das Jahr (-e)	year
vor einem Jahr	a year ago
die Jahreszeit (-en)	season
das Jahrhundert (-e)	century
jeder / jede / jedes	every, each
jeden Tag	every day
jetzt	now
der Job (-s)	job
der/die/das Joghurt (-s)	yoghurt
der Journalist (-en) /	journalist
die -in (-nen)	
die Jugendherberge (-n)	youth hostel
jung	young
der Junge (-n)	boy
Jura (ohne Artikel)	law

K

der Kaffee (-s)	coffee
die Kaffeemaschine (-n)	coffee machine
das Kalbfleisch	veal
kalt	cold
der Kamillentee (-s)	camomile tea
das Kännchen (-)	pot

die Kantine (-n)	canteen, cafeteria
die Karotte (-n)	carrot
die Karriere (-n)	career
die Karte (-n)	map
die Kartoffel (-n)	potato
der Käse	cheese
die Kasse (-n)	cash desk, checkout
katholisch	Catholic
kaufen	to buy
das Kaufhaus (¨er)	department store
kein	no, not a
der Keller (-)	cellar
der Kellner (-) /	waiter / waitress
die -in (-nen)	
kennen*	to know, be acquainted with
die Kenntnis (-se)	knowledge
(often pl)	
die Kette (-n)	chain
das Kilo (-/-s)	kilo
das Kind (-er)	child
das Kino (-s)	cinema
die Kirche (-n)	church
die Kirsche (-n)	cherry
die Klasse (-n)	class
klasse (inf.)	terrific, great
das Klassentreffen (-)	class reunion
das Klavier (-e)	piano
sich kleiden	to dress (oneself)
die Kleidung (-en)	clothing
der Kleidungsstil (-e)	dress style
klein	small
das Klima (-ta)	climate
die Kneipe (-n)	pub
das Knie (-)	knee
der Knoblauch	garlic
der Koch (¨e) / die	cook, chef
Köchin (-nen)	
kochen	to cook
die Kochmöglichkeit (-en)	somewhere to cook
der Kollege (-en) / die	colleague
Kollegin (-nen)	
komfortabel	comfortable
kommen*	to come
kompliziert	complicated
das Königshaus (¨er)	monarchy
können*	to be able to, can
der Kontrast (-e)	contrast
das Konzert (-e)	concert
der Kopf (¨e)	head
der Körper (-)	body
der Körperteil (-e)	part of the body
korrigieren	to correct
die Kosmetikerin (-nen)	beautician, cosmetician
kosmopolitisch	cosmopolitan
kosten	cost
das Krafttraining (-s)	strength training
krank	ill, sick
das Krankenhaus (¨er)	hospital
die Krankenkasse (-n)	health insurance fund
der Krankenpfleger (-) /	nurse
die -in (-nen)	
die Krankenschwester (-n)	female nurse
die Krankenversicherung	health insurance
(-en)	

die Krawatte (-n)	tie
der Krimi (-s)	crime novel
die Küche (-n)	kitchen
der Kuchen (-)	cake
kühl	cool
der Kühlschrank ("e)	refrigerator
der Kunde (-n) / die Kundin (-nen)	customer, client
der Kundenberater (-) / die -in (-nen)	customer advisor
die Kunst ("e)	art
der Kurs (-e)	course
kurz	short, shortly
die Küste (-n)	coast

L

lachen	to laugh
der Laden (")	shop
die Lage (-n)	position
die Lampe (-n)	lamp
das Land ("er)	country
aufs Land fahren	to go to the country
lang	long
langsam	slow(ly)
langweilig	boring
lassen*	to leave; let
lässig	casual
laufen*	to walk; to run
laut	loud, noisy
leben	to live
der Lebenslauf ("e)	CV
die Lebensmittel (pl)	food
lecker	delicious, tasty
das Leder (-)	leather
ledig	single, unmarried
legen	to lay, put
die Lehre (-n)	apprenticeship
der Lehrer (-) / die -in (-nen)	teacher
leid – das tut mir leid	I am sorry
die Leitung (-en)	line
lernen	to learn
lesen*	to read
die Leute (pl)	people
das Licht (-er)	light
lieben	to like very much, to love
lieber – Ich trinke lieber Kaffee.	I prefer drinking coffee.
die Lieblingsfarbe (-n)	favourite colour
das Lieblingslabel (-)	favourite label
das Lied (-er)	song
liegen*	to lie (in the sun etc.)
liken	to like (on social media)
die Limonade (-n) / die Limo (-s)	lemonade
die Linie (-n)	line, route
links	(on the) left
die Lippe (-n)	lip
das Lotto	national lottery
die Luft ("e)	air
der Luftballon (-s)	balloon
Lust haben	to feel like

M

machen	to do, to make
das Mädchen (-)	girl
die Mahlzeit (-en)	meal
der Mais	sweetcorn
malen	to paint
man	one
der Manager (-) / die -in (-nen)	manager
manchmal	sometimes
der Mann ("er)	man
männlich	masculine
der Mantel (")	coat
das Märchen (-)	fairy tale
die Markenkleidung (-en)	branded clothing, designer clothing
der Markt ("e)	market
die Marmelade (-n)	jam, marmalade
das Maß (-e)	measure
die Mauer (-n)	wall
der Maurer (-) / die -in (-nen)	bricklayer
der Mechaniker (-) / die -in (-nen)	mechanic
das Medikament (-e)	medicine
das Meer (-e)	sea
die Mehrheit (-en)	majority
die Mehrwertsteuer (MwSt)	Value Added Tax (VAT)
meinen	to think; to mean
die Meinung (-en)	opinion
meistens	mostly
die Mensa (...sen)	refectory
der Mensch (-en)	person, human being
die Messe (-n)	(trade) fair
das Messegelände (-)	exhibition centre
der Metzger (-) / die -in (-nen)	butcher
die Metzgerei (-en)	butcher's
mies (inf.)	rotten, very bad
die Miete (-n)	rent
mieten	to rent
die Mikrowelle (-n)	microwave
die Milch	milk
die Minderheit (-en)	minority
mindestens	at least
das Mineralwasser (")	mineral water
die Minute (-n)	minute
mit|kommen*	to come (along, as well)
der Mittag (-e)	midday
das Mittagessen (-)	lunch
zu Mittag essen	to have lunch
mittags	at midday
die Mittagspause (-n)	lunch break
die Mitte (-n)	middle
das Möbel (-)	furniture
möbliert	furnished
möchten – Was möchten Sie?	What would you like?
die Mode (-n)	fashion
der Modedesigner (-) / die Modedesignerin (-nen)	fashion designer
die Modemarke (-n)	fashion label

die Modenschau (-en)	fashion show
modern	modern
modisch	fashionable
mögen*	to like
möglich	possible
die Möglichkeit (-en)	possibility, opportunity
der Moment (-e)	moment
der Monat (-e)	month
die Monatskarte (-n)	monthly season ticket
monoton	monotonous
der Morgen (-)	morning
morgen	tomorrow
morgens	in the morning
das Motorrad ("er)	motor bike
müde	tired
multikulturell	multicultural
der Mund ("er)	mouth
das Münster (-)	minster, cathedral
die Musik	music
der Musiker (-) /	musician
die -in (-nen)	
das Müsli (-s)	muesli
muslimisch	Muslim
müssen*	to have to, must
die Mutter (")	mother
die Muttersprache (-n)	mother tongue
die Mütze (-n)	cap

N

der Nachbar (-n)/	neighbour
die -in (-nen)	
nachhaltig	sustainable
der Nachhauseweg (-e)	the way home
nachher	afterwards
nachmittags	in the afternoon
die Nachricht (-en)	message
nach|sehen*	to have a look
die Nachspeise (-n)	dessert
die Nacht ("e)	night
der Nachteil (-e)	disadvantage
der Nachtisch (-e)	dessert
als Nachtisch	for dessert
nachts	at night
die Nähe	proximity
in der Nähe von	near
der Name (-n)	name
namhaft	prestigious
die Nase (-n)	nose
natürlich	of course
der Nebel (-)	fog
die Nebenkosten (pl only)	extras, bills
der Neffe (-n)	nephew
nehmen*	to take
nett	nice
neu	new
die Neubauwohnung	newly-built flat
(-en)	
neulich	recently
nicht	not
die Nichte (-n)	niece
nie	never
noch	still
das Nomen (- or ...ina)	noun
der Norden	North
im Norden	in the North

die Nordsee	North Sea
normalerweise	normally
nötig	necessary
die Nudel (-n)	noodle, pasta
die Nummer (-n)	number
nun	now
nur	only
nutzen	to use
nützlich	useful

O

das Obst	fruit
obwohl	although
oder	or
der Ofen (¨)	oven, stove
offen	open
öffentlich	public
öffnen	to open
die Öffnung (-en)	opening
oft	often
das Ohr (-en)	ear
die Ökologie	ecology
das Öl	oil
die Oma (-s)	grandma
das Omelett (-e or -s)	omelette
der Onkel (-)	uncle
der Opa (-s)	grandpa
die Oper (-n)	opera
die Orange (-n)	orange
der Orangensaft (¨e)	orange juice
der Osten	East
im Osten	in the East
der Österreicher (-) /	Austrian
die -in (-nen)	
die Ostsee	the Baltic

P

die Packung (-en)	packet
das Paradies (-e)	paradise
das Parfüm (-s)	perfume
der Park (-s)	park
der Parkplatz (¨e)	car park, parking lot
der Partner (-) / die	partner
Partnerin (-nen)	
die Party (-s)	party
passen	to match, suit
die Patchworkfamilie (-n)	blended family
die Pension (-en)	guesthouse, pension
pensioniert	retired
die Perle (-n)	pearl; bead
die Person (-en)	person
das Pfund	pound
der Pilz (-e)	mushroom
die Pizza (Pizzen/Pizzas)	pizza
die Platte (-n)	record
der Platz (¨e)	square; place, seat
die Polizei	police
der Polizist / die -in (-nen)	police officer
die Pommes (frites) (pl)	French fries
die Post	mail; post office
posten	to post (a message etc.)
die Postkarte (-n)	postcard
das Praktikum (...ka)	work experience
die Praline (-n)	chocolate, praline
der Preis (-e)	price

Preußen — Prussia
prima (*inf.*) — *brilliant, great*
der Prinz (-en) — *prince*
das Problem (-e) — *problem*
der Produzent (-en) / — *producer*
die -in (-nen)
produzieren — *to produce*
die Prüfung (-en) — *examination*
der Psychologe (-n) / — *psychologist*
die Psychologin (-nen)
der Pullover (-s), Pulli (-s) — *pullover*

Q
der Quatsch (*inf.*) — *nonsense*

R
das Rad (¨er) — *wheel, cycle*
Rad fahren — *to cycle*
das Radio (-s) — *radio*
die Radiosendung (-en) — *radio broadcast*
die Rakete (-n) — *rocket*
raten* (+ *dat*) — *to advise*
das Rathaus (¨er) — *town hall*
rauchen — *to smoke*
der Raum (¨e) — *room, space*
der Realschulabschluss — *roughly equivalent to GCSE in*
(¨e) — *the UK*
die Rechnung (-en) — *bill*
Recht haben — *to be right*
rechts — *(on the) right*
der Redakteur (-e) / — *editor*
die -in (-nen)
reden (über + *acc*) — *to talk (about)*
das Regal (-e) — *shelves*
der Regen — *rain*
die Regenjacke (-n) — *rain jacket*
der Regenschirm (-e) — *umbrella*
regnen — *to rain*
reich — *rich*
das Reihenhaus (¨er) — *terraced house*
die Reinigung (-en) — *dry cleaner's*
der Reis — *rice*
die Reise (-n) — *journey, trip*
der Reiseführer (-) — *travel guide, guidebook*
reisen — *to travel*
der Rentner (-) / — *pensioner*
die -in (-nen)
reservieren — *to reserve*
restaurieren — *to restore*
die Richtung (-en) — *direction*
der Rinderbraten (-) — *roast beef*
das Rindfleisch — *beef*
der Rock (¨e) — *skirt*
die Rolle (-n) — *role*
der Roman (-e) — *novel*
die Romantik — *the Romantic Period*
die Rose (-n) — *rose*
rot — *red*
der Rücken (-) — *back*
ruhig — *quiet*
das Rührei (-er) — *scrambled egg*
rund um die Uhr — *around the clock*

S
die Sache (-n) — *thing*
sächlich — *neuter*
der Saft (¨e) — *juice*
sagen — *to say*
die Sahne — *cream*
die Salami (-s) — *salami*
der Salat (-e) — *salad*
sammeln — *to collect*
der Sänger (-) / — *singer*
die -in (-nen)
der Satz (¨e) — *sentence*
sauber — *clean*
die S-Bahn (-en) — *metropolitan railway*
das Schach — *chess*
die Schachtel (-n) — *box, carton*
der Schal (-e) — *scarf; shawl*
die Schallplatte (-n) — *record*
scheinen* — *to shine; to seem*
schenken — *to give (as a present)*
scheußlich — *terrible*
schick — *smart, chic*
schicken — *to send*
das Schiff (-e) — *ship*
der Schinken (-) — *ham*
schlafen* — *to sleep*
das Schlafzimmer (-) — *bedroom*
schlecht — *bad*
schließlich — *after all; finally*
schlimm — *bad*
das Schloss (¨er) — *castle*
der Schluss (¨e) — *end*
zum Schluss — *finally*
der Schlüssel (-) — *key*
die Schlüsselkarte (-n) — *key card*
schmecken — *to taste*
Hat es geschmeckt? — *Did it taste good?*
der Schmerz (-en) — *pain*
der Schmuck (*no pl.*) — *jewellery*
schmutzig — *dirty*
das Schnäppchen (-) — *bargain*
der Schnaps (¨e) — *spirit, hard liquor*
der Schnee — *snow*
schneiden* — *to cut; to edit*
schneien — *to snow*
schon — *already*
schön — *beautiful, nice*
der Schotte (-n) / die — *Scot*
Schottin (-nen)
der Schrank (¨e) — *cupboard*
schrecklich — *terrible*
schreiben — *to write*
der Schreibtisch (-e) — *desk*
schreien* — *to yell, scream*
der Schriftsteller (-) / — *author*
die -in (-nen)
der Schuh (-e) — *shoe*
die Schule (-n) — *school*
der Schwager (¨) / die — *brother- / sister-in-law*
Schwägerin (-nen)
schwarz — *black*
schwatzen — *to chat*

das Schweinefleisch	pork
schwer	difficult; heavy
die Schwester (-n)	sister
der Schwiegersohn (¨) / die -tochter (¨)	son- / daughter-in-law
schwimmen*	to swim
das Segeln	sailing
sehen*	to see, to watch
die Sehenswürdigkeit (-en)	sight (worth seeing)
sehr	very
die Seide	silk
sein*	to be
die Seite (-n)	page; side
der Sekretär (-e) / die -in (nen)	secretary
der Sekt	German bubbly wine
selbstständig	freelance; independent
selten	seldom, rarely
die Serie (-n)	series
der Sessel (-)	armchair
sicher	sure, certain(ly); safe
silbern	silver
der/das Silvester	New Year's Eve
simsen	to text, send a text message
singen*	to sing
sitzen*	to sit
Ski laufen* / fahren*	to ski
das Smartphone (-s)	smartphone
der Smoothie (-s)	smoothie
die SMS (-/-s)	text message
die Socke (-n)	sock
das Sofa (-s)	sofa
sofort	immediately
sogar	even
der Sohn (¨e)	son
der Soldat (-en) / die -in (-nen)	soldier
sollen*	ought, should
der Sommer (-)	summer
die Sonne (-n)	sun
die Sonnenbrille (-n)	(pair of) sunglasses
sonnig	sunny
sonst	otherwise
Sonst noch etwas?	Anything else?
sowie	as well as
sowieso	in any case
sozial	social
die sozialen Medien (pl.)	social media
das soziale Netzwerk (-e)	social network
spannend	exciting, thrilling
sparen	to save
der Spargel	asparagus
der Spaß	fun
es macht Spaß	it's fun
spät	late
Wie spät ist es?	What's the time?
spazieren gehen*	to go for a walk
der Spaziergang (¨e)	walk
einen Spaziergang machen	to go for a walk
die Speisekarte (-n)	menu
das Spiel (-e)	game
spielen	to play

der Spinat (-e)	spinach
der Sport (-e)	sport
Sport machen/treiben*	to do sport(s)
der Sportartikel (-)	item of sports equipment
das Sportgeschäft (-e)	sports shop
die Sprache (-n)	language
die Sprachschule (-n)	language school
sprechen*	to speak
die Staatsangehörigkeit (-en)	nationality
das Stadion (Stadien)	stadium
die Stadt (¨e)	town, city
die Stadtführung (-en)	guided tour (of a town)
das Stadtleben (-)	city life
der Stadtteil (-e)	district, quarter
stark	strong(ly)
starten	to take off, be launched
die Station (-en)	(tube) station
der Stau (-s)	traffic jam, tailback
der Staubsauger (-)	vacuum cleaner
stehen*	to stand
stellen	to put, to place
das Stellenangebot (-e)	job advertisement
sterben*	to die
der Stiefel (-)	boot
die Stimme (-n)	voice
stimmen	to be correct
das Stipendium (...ien)	grant
der Strand (¨e)	beach
die Straße (-n)	street
die Straßenbahn (-en)	tram, street-car
stressig	stressful
der Strumpf (¨e)	stocking
die Strumpfhose (-n)	pair of tights
das Stück (-e/-)	piece
der Student (-en) / die -in (-nen)	student
das Studentenwohnheim (-e)	student residence
studieren	to study
das Studium (Studien)	study
der Stuhl (¨e)	chair
die Stunde (-n)	hour
suchen	to look for, to seek
der Süden	South
im Süden	in the South
der Supermarkt (¨e)	supermarket
die Suppe (-n)	soup
das Surfen	surfing
süß	sweet
die Süßigkeit (-en)	sweet, confectionery
süß(lich)	sweet(ish)

T

die Tablette (-n)	tablet
der Tag (-e)	day
der Tagesablauf (¨e)	daily routine
der Tagungsraum (¨e)	conference room
talentiert	talented
die Tante (-n)	aunt
tanzen	to dance
die Tasche (-n)	bag
die Tasse (-n)	cup
das Tauchen	diving
das Taxi (-s)	taxi
der Taxifahrer (-) /	taxi driver

die -in (-nen)

der Techniker (-) /   engineer, technician
    die -in (-nen)
der Tee (-s)   tea
der Teil (-e)   part
teilen   to share, divide
das Telefon (-e)   telephone
das Telefongespräch (-e)   phone call
telefonieren (mit + dat)   to telephone
die Temperatur (-en)   temperature
der Tennisschläger (-)   tennis racket
der Termin (-e)   date, appointment
der Terminkalender (-)   appointments diary
teuer   dear, expensive
der Texter (-) /   copy-writer
    die -in (-nen)
das Theater (-)   theatre
das Thema (Themen)   topic, theme
der Tisch (-e)   table
der Tischler (-) /   carpenter
    die -in (-nen)
die Tochter (¨)   daughter
der Tod (-e)   death
der Tofu (no pl.)   tofu
toll   great, terrific
die Tomate (-n)   tomato
die Torte (-n)   tart, flan
total   total(ly)
der Tourist (-en) /   tourist
    die -in (-nen)
die Touristeninformation   tourist information
    (-en)
die Tournee (-n)   tour
tragen*   to wear
trainieren   to train, work out
das Training (-s)   training
der Traum (¨e)   dream
treffen*   to meet
der Treffpunkt (-e)   meeting place
trennbar   separable
trinken*   to drink
der Tropfen (-)   drop
trotzdem   nevertheless
Tschüss!/Tschüs!   Bye!
die Tulpe (-n)   tulip
tun*   to do
der Türke (-n) /   Turk
    die Türkin (-nen)
der Turm (¨e)   tower
der Turnschuh (-e)   trainer
die Tüte (-n)   bag
twittern   to tweet
der Typ (-en)   type
typisch   typical

U

die U-Bahn (-en)   tube, subway
überhaupt nicht   not at all
übermorgen   the day after tomorrow
die Übernachtung (-en)   overnight stay
übersetzen   to translate
die Übung (-en)   exercise
die Uhr (-en)   clock
    neun Uhr   nine o'clock

die Umfrage (-n)   survey
der Umgang (¨e)   contact, dealings
die Umgebung (-en)   surroundings
die Umkleidekabine (-n)   changing cubicle
um|steigen*   to change (train, bus etc.)
die Umwelt (-en)   environment
um|ziehen*   to move (house)
und   and
ungefähr   approximately, about
unglaublich   incredible, incredibly
die Universität (-en)   university
die Unsicherheit (-en)   uncertainty, insecurity
das Unterhemd (-en)   vest
unternehmen*   to do sth.
unterrichten   to instruct, teach
unterschiedlich   different, variable
unterzeichnen   to sign
der Urlaub (-e)   holiday

V

der Vater (¨)   father
vegan   vegan
der Vegetarier (-) / die   vegetarian (person)
    Vegetarierin (-nen)
vegetarisch   vegetarian
die Verabredung (-en)   arrangement, appointment
verändern   to change
die Veranstaltung (-en)   event
die Verantwortung   responsibility
das Verb (-en)   verb
verbinden*   to connect, join
die Verbindung (-en)   connection, link
verboten   forbidden
verbringen*   to spend (time)
verdienen   to earn
die Vergangenheit (-en)   past
vergessen*   to forget
verheiratet (mit + dat)   married (to)
verkaufen   to sell
der Verkäufer (-) /   shop assistant
    die -in (-nen)
der Verkehr   traffic
das Verkehrsamt (¨er)   tourist information office
die Verkehrsmittel (pl)   means of transport
    die öffentlichen   public transport
    Verkehrsmittel (pl.)
die Verkehrsverbindungen   transport (links)
    (pl)
verlassen*   to leave
veröffentlichen   to publish
verrückt   mad, crazy
verschieden   different, various
verschlossen   uncommunicative
verschreiben*   to prescribe
verstecken   to hide
verstehen*   to understand
versuchen   to try
der Vertrag (¨e)   treaty
verwitwet   widowed
viel   much, a lot
vielleicht   perhaps
das Viertel (-)   quarter
    Viertel nach acht   quarter past eight
die Visitenkarte (-n)   visiting card, business card

die Vokabel (-n)	vocabulary item
voll	full
die Vollpension	full board
vorbei	past
vor|bereiten	to prepare
sich vor|bereiten auf (+ acc)	to prepare (oneself) for
die Vorlesung (-en)	lecture
der Vormittag (-e)	morning
vor|schlagen*	to suggest, propose
die Vorspeise (-n)	starter
als Vorspeise	for a starter
der Vorteil (-e)	advantage

W

wach	awake
wahr	true
wahrscheinlich	probably
die Währung (-en)	currency
der Wald (¨er)	forest
wandern	to hike, to ramble
wann?	when?
warm	warm
warten	to wait
warum?	why?
was?	what?
was für?	what kind of?
waschen*	to wash
die Waschmaschine (-n)	washing machine
das Wasser (¨)	water
wechseln	to change
der Wecker (-)	alarm clock
weh|tun*	to hurt, ache
weiblich	feminine
der Weihnachtsmarkt (¨e)	Christmas market
weil	because
der Wein (-e)	wine
weinen	to cry, weep
die Weinhandlung (-en)	wine store
weiß	white
weit	far
die Welt (-en)	world
der Weltkrieg (-e)	World War
wenig – nur ein wenig	only a little
wenn	when, whenever
der Werdegang (¨e)	development, career
werden*	to become
das Werk (-e)	work
der Westen	West
im Westen	in the West
das Wetter	weather
der Wetterbericht (-e)	weather report
die Wettervorhersage (-n)	weather forecast
wichtig	important
wie?	how?
wie viel?	how much? how many?
Wie viel Uhr ist es?	What time is it?
wieder	again
Wiederhören – Auf Wiederhören!	Goodbye! (on radio or phone)
wieder|kommen*	to come again, come back
Wiedersehen – Auf	Goodbye!

Wiedersehen!	
die Wiedervereinigung	reunification
der Wind (-e)	wind
windig	windy
der Winter (-)	winter
wirklich	really
die Wirtschafts- wissenschaften (pl)	economics
wissen*	to know (a fact)
der Witz (-e)	joke
das WLAN (no pl.)	WiFi
wo?	where?
die Woche (-n)	week
das Wochenende (-n)	weekend
der Wodka	vodka
woher?	where ... from?
wohnen	to live
die Wohngemeinschaft (-en)	flat-share
der Wohnort (-e)	place of residence
die Wohnung (-en)	flat
das Wohnzimmer (-)	living room
wolkig	cloudy
wollen*	to want
das Wort (¨er/-e)	word
die Wortstellung (-en)	word-order
der/das Wrap (-s)	wrap
wunderbar	wonderful
die Wurst (¨e)	sausage
das Würstchen (-)	(small) sausage

Z

die Zahl (-en)	number, figure
der Zahn (¨e)	tooth
der Zahnarzt (¨e) / die Zahnärztin (-nen)	dentist
die Zahnpasta (-pasten)	toothpaste
die Zehe (-n)	toe
zeigen	to show
die Zeit (-en)	time
die Zeitschrift (-en)	journal
die Zeitung (-en)	newspaper
zentral	central(ly)
die Zentralheizung (-en)	central heating
das Zentrum (die Zentren)	centre
ziehen*	to move
ziemlich	quite, fairly
das Zimmer (-)	room
die Zitrone (-n)	lemon
der Zucker	sugar
zuerst	first, at first
der Zug (¨e)	train
der Zugang (¨e)	access
zu|hören (+ dat)	to listen to
zu|machen	to close, shut
die Zunge (-n)	tongue
zurück|kommen*	to come back
zurück|rufen*	to call back
zusammen	together
der Zuschlag (¨e)	supplement
die Zwiebel (-n)	onion